Las Mujeres fuertes hablan de sexo

Palabras de sabiduría
inspiradas por mujeres fuertes

Los detalles hacen la diferencia....

Adriana Fuentes Díaz

Caliente Press

Las Mujeres fuertes hablan de sexo

Palabras de sabiduría inspiradas por mujeres fuertes

ISBN: 978-1-943702-47-3 (Edición para impresión)
978-1-943702-75-6 (Edición para Kindle)

Publicado por:
Caliente Press
1775 E Palm Canyon Drive, Suite 110-198
Palm Springs, CA 92264
U.S.A.
Correo electrónico: steven@CalientePress.com

Exclusión de responsabilidades

Este libro está basado en la opinión y experiencia de las diferentes mujeres especialistas que participaron en el desarrollo del mismo.

No fue escrito bajo la perspectiva médica, por lo que algún tema en particular con tu experiencia sexual, lo debes de consultar con tu médico.

Tú eres responsable de tu propia conducta y nada de este libro puede o debe ser considerado, como un consejo legal ante el tema.

Autora: Adriana Fuentes Díaz (IG: adrianafuentes80)
Ilustración de portada: Berenice Lacroix (IG: berelacroixart)
Diseño del Portada: Héctor Castañeda (IG: el_elektron)

Índice

Dedicatoria

Para quien fue mi guía, mi maestro, mi padre, mi amigo y mi confidente.

Arturo, con tu nobleza, alegría, sencillez, astucia y humildad, te ganaste el corazón de todos y te llevaste la mitad del mío.

Para ti que estás leyendo este libro, espero que te sirva como guía y ejemplo; que, a pesar de nuestros tiempos, creencias, cultura y costumbres, estemos siempre dispuestos a REAPRENDER y a ser felices en todos los aspectos de nuestra vida y, por qué no, en el sexual también.

Arturo y Adriana, juntos para la eternidad y siempre "a nuestra manera".

TE AMO, PAPÁ.

*Creo que las mujeres somos seres sensuales, hermosas, y
me siento empoderada cuando
me expreso sexualmente.*

Cristina Aguilera

Introducción

Este libro lo comencé a escribir después del lanzamiento del tercer libro, *Las mujeres fuertes hablan del liderazgo, éxito y buen vivir*, como saben, esta es una trilogía inspirada en las mujeres fuertes para las mujeres fuertes.

¿Por qué mujeres fuertes? Muchas mujeres me preguntan qué pasa con las mujeres que no son o no se sienten fuertes... y siempre respondo que TODAS LAS MUJERES SOMOS FUERTES; todas las mujeres tenemos esa fortaleza interna que nos mueve, nos motiva, nos inspira, pero muchas no han descubierto esa fortaleza o no creen lo suficiente en su potencial como mujer para saber y, sobre todo, entender que todo en la vida lo podemos lograr con confianza en uno mismo, persistencia, amor, pasión y entrega.

Entonces sucedió que al lanzar estos tres maravillosos libros y después de tener la dicha de conocer a tantas mujeres alrededor del mundo con diferentes creencias, valores, educación, edades, profesiones y lenguajes, me preguntaban por el tema sexual.

Mi idea era lanzar la trilogía en ambos idiomas —español e inglés— y dedicarme a promocionar los libros en toda América Latina, Estados Unidos, Canadá y Europa, pero un día en mi caminata matutina tomé la decisión de hacerlo por mí y por todas las mujeres que, por nuestra cultura, creencias, religión, etc., no nos hablaron de sexo cuando éramos adolescentes y, desafortunadamente, crecimos creyendo que el sexo era un tabú.

Llamé inmediatamente a mi coach, el mejor de todos, un hombre que apoya y cree en la mujer 100 %, cuando le conté la idea solo me respondió: ¡Será el mejor libro de todos! Cuenta con mi apoyo y te felicito por decidir poner en perspectiva las ideas tan erróneas que hombres y mujeres tienen con respecto al sexo, así que *"Go for it and I'm in with you"*.

Entonces decidí invitar a mujeres maravillosas especialistas en el tema para desarrollar conmigo este nuevo libro: *Las mujeres fuertes hablan de sexo* (pues yo soy de profesión comunicóloga). Necesitaba mujeres profesionales en donde cada una con su visión, experiencia y consejos sobre distintos temas relacionados con el sexo, hablaran abierta, respetuosa y amorosamente con todas las mujeres y hombres que tengan la disposición de cambiar su manera de pensar referente al sexo.

Te aseguro que disfrutarás enormemente este libro, aprenderás cosas nuevas, reaprenderás otras y, sobre todo, te conectarás con tu energía sexual infinita y maravillosa, *pues recuerda que todos los seres humanos nacimos de una relación sexual.*

Cuando te conectas con tu energía sexual, te conectas con todo. Te llenas de seguridad, entiendes el vasto universo que hay dentro de ti, asimilas tu propio ser y encuentras tu propia verdad. Al tener consciencia de todo esto, tu vida resultará más armónica y todo a tu alrededor se transformará en un orgasmo lleno de plenitud, en una energía renovadora que estará contigo a cada momento, renovando tus órganos y permitiéndote disfrutar la vida de una manera única y especial.

¡Regálate esta oportunidad!

Con amor y respeto,
Adriana

Mi historia

Nací en Ciudad de México, pero crecí en Venezuela, tierra en la que fui feliz por 35 años, pues su clima, su gente y la hermosura de su tierra, me dieron los mejores años de mi vida. Viví también en Newark Delaware Estados Unidos y en Montreal Canadá. Tuve la oportunidad de trabajar en dos excelentes empresas Transnacionales como HBO (Sony Entertainment TV) y BBDO, en ambas viajé, aprendí y crecí mucho como profesional. Estuve rodeada de gente increíble, muy capaz, profesional y humana.

Después de un deterioro muy rápido, triste y deprimente en Venezuela, decidí comenzar una nueva vida. Salí de Caracas a los 38 años con 4 maletas, mi hijo y mi hermosa perrita Cala, hacia una aventura desconocida en donde solo llevaba mi buena actitud, fe, el creer en mí, en mi potencial como mujer y profesional y las ganas del éxito como herramienta principal. Algunos miembros de mi familia no estuvieron de acuerdo con esa decisión, pero lo más importante en ese momento fue que yo sí creí en mí.

Unos años después cuando miro atrás y recuerdo ese momento como si hubiera sido ayer, me doy cuenta lo fuertes y decididas que las mujeres podemos ser cuando perseguimos un sueño. A veces, nosotras mismas no nos valoramos ante muchas circunstancias que suceden en nuestra vida, pero es ahí donde solo necesitamos un poquito más de valoración y amor propio.

Ahora con 15 años de experiencia en el mundo corporativo, con cargos nacionales y regionales y varias compañías en mi hoja de vida, me estoy reinventando nuevamente y enfocándome en aquello que realmente me apasiona; principalmente la escritura, viajar, ayudar a la gente y a los animales desamparados, el mundo de la decoración y los detalles, entre otros; pues la vida en muy corta, para desperdiciarla en dedicarnos a algo que no nos hace felices.

Finalmente, me siento muy afortunada de todas y cada una de las experiencias personales y profesionales que he tenido en mi vida, pues gracias a cada una de ellas he aprendido a ser una mujer más valiente, fuerte, persistente, optimista, alegre y a luchar incansablemente por cada uno de mis sueños.

Espero disfrutes este libro tanto como yo y sobre todo, te inspire en todo lo que hagas y te propongas en la vida. ¡Suerte!

Bernice Lacroix

CAPÍTULO 1

El sexo y yo

El sexo es un arte, es un intercambio sagrado de energía. Es la energía de vida, la más poderosa de la creación. En el sexo encontramos la fusión de dos almas y así se entrelaza el campo energético de cada una.

El sexo nunca es un acto casual y espontáneo que debe tomarse a la ligera; cuando consideramos el sexo como un acto sin sentido y tenemos múltiples parejas, nuestra aura se fractura. Consumimos la energía de cada pareja sexual, dejándonos abrumados, ansiosos, necesitados y con bajas vibraciones si nuestra pareja no está en nuestro mismo nivel de amor y entrega. El acto sexual te conecta físicamente de la forma más profunda posible con tu pareja. Por esta razón, asegúrate de tener relaciones sexuales con amor.

Por otro lado, la seducción previa al acto sexual es importante. Los besos, las caricias, las palabras y hasta el mismo ambiente, siempre ayudarán a llegar a un acto sexual más placentero y agradable en todos los aspectos.

Es importante que primero conozcamos muy bien nuestro cuerpo: qué nos gusta, qué no, cómo, cuándo y dónde... Cuando aprendemos a conocer nuestro cuerpo perfectamente, estamos listas para satisfacer las necesidades de nuestra pareja.

En el sexo hay muchos factores importantes que evaluar, como la aceptación, la autoestima, el AMOR PROPIO, las necesidades, deseos y hasta el perdón. A lo largo de este libro iremos hablando de todos estos temas.

El sexo es como el yoga o la meditación, mientras más lo practicas más lo disfrutas, pero recuerda algo importante:

antes de amar a alguien más, debes amarte profundamente a ti misma(o).

Agradece tu existencia, agradece tu hermoso cuerpo tal y como es, pues como lo tienes es perfecto y maravilloso. Conéctate siempre con tu cuerpo, cuando te duches es el momento perfecto de tocarte suavemente con cariño, delicadeza, enjabónate cuidadosamente y usa buenos productos, que el baño sea un pequeño ritual entre tu cuerpo y tú, donde te sientas feliz y conozcas exactamente cada parte de él. Coloca una vela aromática, música relajante. Entiendo que quizá en las mañanas es más difícil tener este tipo de ritual, pero busca unas cuantas noches a la semana y hazlo antes de irte a la cama.

Te recomendaré unas maravillosas afirmaciones que puedes hacer desnuda frente al espejo todos los días o varias veces a la semana:

- Soy una mujer valiosa, radiante y hermosa.

- Mi cuerpo es hermoso y sano.

- Me amo, respeto y acepto tal cual como soy.

- Me elijo a mí misma antes que a nadie.

- Soy una mujer muy sensual.

- Mi bienestar sexual depende de mí y me hago responsable de ello.

- Mis necesidades, deseos y placeres son válidos.

- Estoy agradecida con mi cuerpo y el placer que me da.

- Soy lo suficientemente valiosa para tener una vida sexual maravillosa.

- Elijo con quién estar, qué hacer y cómo disfrutar mi sexualidad con amor y entrega total.

Entrando ahora en el tema del intercambio sexual con otra persona, acostúmbrate a que cada uno de esos encuentros sea especial y mágico (hasta el rapidito). No vivas nunca tu sexualidad en secreto, háblala, practícala y, sobre todo, disfrútala.

Tu sexualidad debe empezar contigo misma, tu cuerpo es — —o debe ser— tu templo sagrado siempre, sin importar la edad que tengas. Aprende a ser amorosa contigo misma, aprende a quererte y aceptarte tal y como eres. Muchas veces deberás sanar relaciones sexuales anteriores para estar lista para una nueva pareja.

Recuerda aprender a tocarte, y cuando lo hagas hazlo como mereces o quisieras ser tocada. Mantente siempre presente. Busca desconectarte de TODO y conectarte con tu cuerpo y sexualidad mínimo una vez a la semana, pues como todo órgano, si no se usa se atrofia.

Ahora bien, entrando en el tema del orgasmo, no siempre debes pensar que lo tienes que tener o llegar a él. Si sucede es maravilloso, pero muchas veces el placer o acto sexual y sensual es igual de placentero que el orgasmo. Nuestra sexualidad no debe ser algo obligado, debe ser deseado, esperado y DISFRUTADO. Aprende a saber qué quiere y necesita tu cuerpo; la mejor manera de hacerlo es explorándolo tu primero, con tus manos, con tus dedos o con algún juguete de tu interés. Pero nunca fuerces nada, tu vagina te debe dar la señal cuando esté lista para cualquier actividad o experiencia.

También te recomiendo que aprendas a usar ropa interior sexy para ti, ya que eso te ayudará a sentirte sensual y después te será más fácil usar este tipo de ropa para tu pareja (si así lo deseas) y disfrutar juntos. Ante lo que decidas hacer o probar, nunca olvides que nadie te puede o debe obligar a nada, tú decides sobre ti y tu cuerpo ante cualquier circunstancia.

Cada vez que tengas relaciones con tu pareja, hazlo de una manera mágica y especial, trata siempre de hacer algo diferente (por más pequeño que sea, pero algo diferente). "En los pequeños detalles está la diferencia".

Sal de la rutina, intenta una posición nueva, coloca una vela aromática con olor diferente, música sensual nueva, conviértete en una diosa del sexo sutil, delicada y sensual. A veces, lleva tú la iniciativa, otras dejan que tu pareja lleve la pasión en el encuentro.

Las mujeres debemos poder conversar abiertamente y sin pena con nuestras parejas, sobre todo lo que nos gusta del sexo, sobre nuestras necesidades, deseos y hasta fantasías.

La comunicación sexual asertiva es un pilar importantísimo en una relación de pareja; sobre todo para que perdure con el tiempo y ante tantas circunstancias que todas las parejas viven durante su unión. No importa la edad que tengas, dale ese giro a tu vida sexual para que a partir de ahora la puedas disfrutar "consciente y al 100 %".

VISUALIZA UNA LUZ EN CADA PARTE DE TU CUERPO CUANDO COMIENCES CON EL ACTO SEXUAL.

Ahora quiero mencionarte otro tema interesante que ha sido para mí el poder aprender del tantra, pues las practicas tántricas son el camino a la espiritualidad.

Eva fue expulsada del paraíso por haber sentido deseo carnal, pero lo que menos quiero ahora es entrar en polémicas religiosas; mi opinión como escritora es que el tantra busca la iluminación del cuerpo y alma, pero todo comienza en ti.

Todo lo sublime es divino y mágico, el sexo lo es también. Anteriormente hablamos del autoconocimiento y para mí es un arte que nos despierta, ya que el sexo debe ser un acto consciente, hermoso y libre. Las prácticas del auto placer son la guía y el camino hacia el amor.

Veamos al sexo como un momento sublime, pues somos energía pura y perfecta. Pero todo viene de la aceptación y amor propio. Antes que amar a nadie, debemos amarnos a nosotros mismos tanto por dentro —lo que somos, pensamos, sentimos— y, por supuesto, por fuera —amar cada parte y rincón de nuestro cuerpo tal cual es—. Conviértete en tu propio estereotipo de belleza, olvídate de la sociedad y lo que es para otros un cuerpo bonito, pues el tuyo lo es y convéncete de ello.

Tus pulmones existen para que respires, tu corazón existe para bombear sangre a todos las partes de tu cuerpo, la sangre suministra oxígeno y nutrientes, el páncreas hace la digestión y regula los niveles de azúcar en la sangre; así como cada órgano de nuestro cuerpo está ahí para algo puntual y perfecto, el clítoris y la vagina tienen también su función, aparte de ser portales mágicos. El clítoris es el órgano cuya única función es proporcionar placer, por ende, hay que darle placer del amoroso, respetuoso y del mejor. El placer es mi derecho por nacimiento, por esta razón debes generar creencias que te hagan sentir bien contigo misma ante el mundo del sexo.

El mundo está saturado de cosas malas, de información falsa, de mentiras, y no debemos contagiarnos o creer que el sexo y el placer son malos. Todo dependerá de cómo lo disfrutes, pues mientras la sexualidad sea digna, gentil y amorosa, te llevará a un camino de entrega espiritual maravillosa.

Ahora bien, si en el pasado has tenido alguna mala experiencia sexual, no debes pensar que será así con alguna nueva pareja que decidas tener. Si en aquel momento tuviste emociones de rechazo, insatisfacción, rabia, tristeza, entre otras, acéptalas, pues al aceptarlas hacen que se vuelvan menos intensas. Deja la puerta abierta a esas emociones, no las reprimas, deja salir de manera natural y todo fluirá para que estés lista para una nueva relación emocional y sexual en donde no pensarás en el pasado, solo en el presente (aquí y ahora) y disfrutarás el amor y sexo en toda su expresión. Por favor, no pensemos que el sexo es solo para concebir, el sexo es para disfrutarlo de una manera sana, madura y RESPONSABLE.

Te recomiendo investigar y aprender un poco más sobre el sexo tántrico, pues es una forma espiritual y meditativa en donde el propósito no es el orgasmo, sino disfrutar la actividad sexual y las sensaciones de la fusión entre cuerpo, mente y alma. También se enfoca en mover la energía sexual a través del cuerpo para sanar, transformar e iluminar todo nuestro ser.

Es conocido que el sexo influye de manera trascendental en el buen entendimiento y estabilidad de las relaciones de pareja, pues no solo se trata de la conexión física que significa como tal, sino también de la unión que representa en la parte emocional. Uno de los sentimientos más importantes que vive el ser humano a lo largo de su vida es el amor; sin embargo, esta afirmación puede resultar completamente errónea al enfrentarse a circunstancias que afectan un complemento indispensable para una relación sana: **el sexo.**

Tener una vida sexual saludable es bueno física y emocionalmente. El sexo te puede ayudar a conectarte con otra persona, el placer sexual tiene muchos beneficios para la salud, ya sea que tengas pareja o no; cuando tienes un orgasmo, tu cuerpo produce una sensación de bienestar de forma natural.

Algunos tips para mejorar el desempeño sexual:

1. Enfócate en las emociones, sentimientos y necesidades.
2. Intenta siempre algo nuevo.
3. Controla la ansiedad y el estrés.
4. Comunícate abiertamente con tu pareja en todo momento.
5. Aborda los problemas de la relación en tiempo y forma.

Estos tips son dados por expertos que entrevisté. Seguramente un sexólogo te podrá dar más información sobre el tema.

Sexo de calidad es lo mismo que sexo *gourmet*. Se trata de disfrutar del placer con todos los sentidos (gusto, olfato, vista, tacto, oído y el sexto sentido: la fantasía), añadiendo un punto de creatividad y olvidándonos de llegar a una meta. Simplemente se trata de disfrutar de todo el encuentro.

Actualmente, nuestro día a día acostumbra ser muy ajetreado y con poco tiempo libre; llegamos a casa por la noche, agotados y con ganas de meternos en la cama y descansar. Si nos dejamos llevar por esta dinámica siempre queda el sexo en último lugar. Después de todas las actividades del hogar por la noche y relajarnos en el sofá, quedándonos medio dormidos, es fácil que en ese momento el deseo no aparezca y se llegue al momento de hacerlo "porque ya toca". Lo que yo llamo "el síndrome del calendario".

Por eso es importante dar un espacio al sexo, **priorizarlo** ante otras obligaciones. Si nos paramos a pensar, en muchas ocasiones hacemos cosas que no nos acaban de apetecer, pero si mantenemos un ritmo y frecuencia y nos incentivamos, acaban gustándonos y hasta acabamos deseando que llegue el momento de volverlo a hacer. Con la sexualidad ocurre exactamente lo mismo: si lo priorizamos y no lo dejamos "para después de las obligaciones", disfrutaremos de ello ¡más y mejor!

Con el paso de los años (y sobre todo si tenemos pareja estable) nos olvidamos que el sexo es mucho más que preliminares, coito y orgasmo. Por tanto, si queremos tener un sexo de calidad, ha llegado el momento de recuperar el coqueteo y la picardía fuera del momento sexual y convertir nuestro día a día en erótico, sensual y diferente.

Introduciendo el tema de la seducción, automáticamente conseguiremos aumentar nuestro deseo y el de nuestra pareja. Con esto no quiero decir que se deba dedicar un largo y tedioso tiempo a la seducción, sino que en ocasiones un simple beso, mirada, acercamiento o comentario subido de tono y conductas que son de dos minutos son suficientes para revivir la llama.

Si conseguimos saltar el obstáculo del miedo y la vergüenza de comunicarnos abiertamente, conseguiremos crear un sexo de calidad porque permitiremos que nuestra pareja conozca nuestros gustos y fantasías sexuales y nosotros los suyos, esto dará pie a conseguir una complicidad sexual y consecuentemente una vida plena. Recuerda: el motor indiscutible de la sexualidad es la comunicación honesta, atrevida y sin prejuicios.

Para que la sexualidad fluya y aparezca el deseo y la excitación, es importante centrarse en el momento. Todos sabemos que la sociedad actual nos llena de dolores de cabeza, prejuicios, preocupaciones y problemas que resolver; desconectándonos de lo necesario para apreciar de los pequeños detalles y del espacio sexual.

También quiero mencionar que tendemos a concebir el sexo en cuatro pasos: caricias de iniciación, preliminares, coito y conseguir el orgasmo. Estas fases se acostumbran repetir en cada encuentro sexual haciendo que podamos prever y saber qué viene después, eliminando toda intriga e ilusión, lo que deriva a que el deseo descienda porque no aparece ni pizca de novedad ni creatividad.

Por tanto, es importante que este aspecto lo tengamos presente para evitar la tediosa rutina, así con las claves expuestas anteriormente y todo lo que aprenderemos en este libro, tendremos las herramientas para crear distintos encuentros y disfrutar al máximo cada momento sexual, sola o acompañada.

Pensamos que el sexo es la culminación del orgasmo, lo que crea obligaciones y presiones alrededor del momento sexual, haciendo que en muchas ocasiones nos centremos solo en las zonas físicas más erógenas, que serían los genitales y los pechos en el caso de las mujeres, haciendo demasiado hincapié en ellas y olvidándonos de otras partes del cuerpo que pueden excitarnos igual o más que los genitales. "Recuerda probar siempre cosas nuevas".

Debemos recordar que el órgano más erógeno es nuestra mente, a través de la imaginación y la fantasía llegamos a elevadas cuotas de excitación y pasión hasta el punto de simplemente necesitar una caricia para llegar al éxtasis. Así como la piel es el órgano erógeno más grande, esto nos lleva a tener que reflexionar ya que a veces nos perdemos muchos estímulos sexuales e infinidad de sensaciones al centrarnos solamente en los genitales.

Para culminar, es significante que después de un encuentro sexual haya un espacio de unión, de intimidad y de conexión, esto ayudará a que la calidad y la valoración del encuentro sean especiales y que, al mismo tiempo, la relación de pareja se vea beneficiada.

Por tanto, debemos intentar no quedarnos dormidos o correr a ponernos la ropa interior, sino centrarnos más en la persona que tenemos al lado, creando ese espacio mágico e ideal para hablar de sentimientos, emociones o, quizás, para comentar el encuentro sexual que acaba de suceder.

Cuando la sexualidad dentro de una relación de pareja falla, acostumbra ser un reflejo de que algún aspecto de la relación de pareja no va del todo bien, así como cuando la sexualidad va bien, la pareja se ve beneficiada de forma inmediata. Por eso, antes de poner en práctica todos los tips que he mencionado anteriormente, debemos analizar nuestra relación de pareja en todas sus facetas (familia, ocio o diversión, comunicación, afectividad, relaciones, deseos, fantasías, etc.), así como debemos saber cuáles son las necesidades de nuestra pareja, qué es aquello que le hace falta para estar bien e intentar colaborar para proporcionárselo si está dentro de nuestro alcance y disposición.

Al mismo tiempo debemos responsabilizarnos de que nuestra pareja conozca todo aquello que necesitamos y deseamos, es importante saber que si no lo decimos no lo puede adivinar. Por tanto, el primer paso para empezar a crear un sexo de calidad es que los requisitos de ambas partes estén cubiertos.

¡Espero que disfrutes enormemente este libro!

---

*Respiro y siento la energía del universo introducirse
en cada parte de mi cuerpo,
nutriendo cada célula que compone
mi ser y que da vida a la maravillosa mujer que soy.*

Adriana Fuentes Díaz

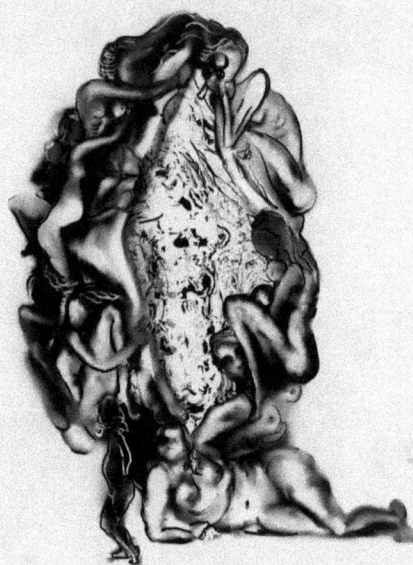

Berenice Lacroix

CAPÍTULO 2

El sexo y nosotras

Después de unos cuantos meses de entrevistas a mujeres de 20, 30, 40, 50 y 60 años, estás son algunas de las conclusiones que, entre ellas, y nuestras especialistas llegaron.

Aquí algunas de las preguntas más relevantes durante las entrevistas:

¿Qué significa el sexo para ti?

El sexo para las mujeres en estos rangos de edades, es un acto emotivo-físico, generado por una atracción con su pareja.

Para muchas de ellas lo primero que piensan al escuchar la palabra sexo, es en el placer que se siente y el amor que le brindan a la otra persona; analizando de manera más profunda, el sexo implica entrega, confianza, conexión de compartir un momento íntimo con otra persona. Este, es único y especial donde no existe los prejuicios ni pensamientos negativos, disfrutamos y nos entregamos.

Ahora bien, aquí una de las tantas definiciones del sexo:

Es la unión sexual entre dos individuos. En los seres humanos el coito es una parte de la relación sexual, e implica la participación de los órganos genitales externos o internos.

Pero hay una diferencia que quiero mencionar entre tener sexo y hacer el amor. Ninguna es buena o mala, simplemente hay una diferencia marcada.

Muchas veces cuando tenemos sexo, buscamos hacerlo rápidamente y conseguir nuestro objetivo que casi siempre se llama "orgasmo". En cambio, cuando hacemos el amor, queremos que el placer dure lo máximo posible, por lo que se convierte en un acto de sensualidad más que de sexualidad.

¿Quién te habló de sexo por primera vez?

El 85% de las mujeres entrevistadas estuvo de acuerdo en que no fueron sus padres o familiares cercanos quienes les hablaron de sexo. La gran mayoría coincidieron en que fue una amiga, prima, compañeras del colegio y en algunos casos hermanas o hermanos mayores.

Aquí tenemos un gran conflicto con el tema de la comunicación entre padres e hijos, ya que muchas de estas mujeres comentaron que, aunque sus padres son o fueron relativamente jóvenes, no se atrevieron a hablarles del sexo ni de drogas entre otros temas muy importantes en la adolescencia. Era un tabú o un tema complejo para ellos abordarlo de manera abierta y educativa con los hijos.

Yo como escritora, viví la misma situación. Mi mamá es una madre-abuela bastante joven (relativamente) pero se siente incomoda todavía hoy en día, hablando de estos temas conmigo (yo ya una mujer de 47 años)

La sociedad jugó y sigue jugando un papel muy importante y desafortunadamente negativo a favor de todo esto; pero espero que las cosas cambien y que, para las próximas generaciones de jóvenes, este tema en específico sea mucho más fácil de expresarse entre padres e hijos.

Y así la pregunta del millón:

¿A que edad hablarle de sexo a los niños?

La respuesta es SIEMPRE.

Primero menciones que los niños de 4 y 5 años, pueden comenzar a mostrar interés hacia la sexualidad básica, tanto la propia como la del sexo opuesto. También es posible que se toquen los genitales, e incluso que muestren interés hacia los genitales de otros niños. Estas son señales de un interés NORMAL. No las veamos como malas o aberradas y, sobre todo, no le demos nombres "falsos o cursis" a los genitales, comencemos a enseñar a los niños, el nombre correcto de cada parte de su cuerpo.

Posterior a esto, cada año que pasa en el crecimiento de nuestros hijos, se les puede ir hablando de más cosas. Es decir, de quien los puede tocar y quien no, el por qué cuando vamos al doctor con ellos les revisa todo el cuerpo y por favor desde esta temprana edad "NO" comenzarles a expresar, que la sexualidad es mala. Después es muy importante que les hablemos de las diferencias entre niño y niña, y así sucesivamente. Pero es realmente necesario que nosotros padres, estemos preparados para hablar con mucha más libertad, apertura, comunicación y "naturalidad" con nuestros hijos, cuando comiencen la adolescencia. Les recomiendo ampliamente cursos y talleres para Padres, que les pueden ser de gran utilidad, pues entiendo perfectamente (por mi propia experiencia), que nuestros hijos no vinieron con un manual debajo del brazo y nuestro rol como padres siempre está en un constante conocimiento y aprendizaje.

¿Qué tanto has aprendido de sexo con tus amigas, otras personas, talleres, cursos, charlas?

Las respuestas de esta pregunta fueron muy interesantes, pues como mencioné anteriormente las chicas jóvenes aprendieron del sexo con amigas, hermanas-nos, primas etc. Pero ya más entradas en las edades de 40 y 50 años, resultaron estar más abiertas a "seguir aprendiendo" y las mismas han tomado varios cursos, talleres, seminarios, webinars relacionados con temas sexuales. A mi personalmente, me encanta pensar que siempre podemos aprender cosas nuevas. Estar dispuesta a aprender (sin importar la edad), es maravilloso pues la vida nunca nos dejará de enseñar. Yo tuve que hacer unos cuantos cursos para actualizarme y poner en perspectiva, muchas de las cosas que están escritas aquí y ¡me pareció fascinante lo que aprendí! Ahora lo mejor de todo está, en ponerlo en práctica.

Como saben, este libro está escrito en colaboración con mujeres especialistas en los temas sexuales, así que las invito a que dejen los tabúes y creencias erróneas relacionadas con el sexo y el disfrute del mismo y las contacten, ya que muchas de ellas dan cursos espectaculares.

¿Qué te hubiera gustado saber, o qué te hubieran dicho antes de tu primera relación sexual?

La principal respuesta ante esta pregunta fue: "No es cómo en las películas" no es como en las series, películas románticas o pornografía etc.... la primera relación sexual, tiende a estar llena de dudas, temores, incertidumbre, inexperiencia, expectativas y muchas otras cosas más. Es por esto tan importante poder hablar con gente de confianza sobre esa primera relación sexual. Si se tiene con la persona adecuada, bajo decisión propia y sin presiones, en el lugar adecuado y en el momento adecuado, seguramente será una buena experiencia. Desafortunadamente no lo es en más del 60 % de los casos.

Algo relevante que mencionar es, no necesitamos tener el cuerpo perfecto para tener una intimidad sexual placentera, no necesitamos una pareja con una musculatura pronunciada para excitarnos y llegar al orgasmo.

En ese primer encuentro sexual, todo está en la conexión emocional y física con la persona. También, muchos otros detalles que estén alrededor de ese momento van a influir en el recuerdo de esa "primera vez". No te sientas presionada-do debería ser un acto muy especial, mágico, inolvidable, lleno de libertad, confianza, entrega y RESPONSABILIDAD.

Las entrevistadas también mencionaron que les hubiera gustado haber tenido más edad, otra pareja o un mejor lugar para esa primera vez; pero como el "hubiera" no puede cambiarse es mejor no lamentarnos, pero por qué no, prepararnos mejor para lo que viene. Es decir, leer, estudiar, saber que nos gusta, que no, que estamos dispuestas a negociar que no, y muchas otras cosas que la maravillosa palabra "experiencia" nos dará en el camino a recorrer.

¿Qué es lo que más disfrutas del sexo? - ¿Qué no te gusta del sexo?

Sin importar la edad ante esta pregunta la respuesta fue "el previo".

Es decir, los besos, las caricias, la seducción, el enamoramiento etc., juegan el papel primordial, para llegar a tener una relación sexual placentera. En el capítulo 8 (el sexo y la rutina – seducción), hablaremos de la importancia de estos momentos previos. Está comprobado que a las mujeres no les gusta cuando su pareja vaya directo al grano. Con esto no quiero decir que los "rapiditos" a veces no sean divertidos y placenteros, pero las mujeres somos mucho más emocionales, sensoriales, románticas y definitivamente, disfrutamos más el arte de la seducción.

¿Qué no les gusta del sexo?

Sentirse utilizadas. Sentirse que a su pareja le importa más llegar al orgasmo, que disfrutar <u>hacer el amor</u> compenetrándose y disfrutando mutuamente la pasión que ello implica. Recuerden que en muchas ocasiones (no todas), los hombres son muy básicos y se olvidan de la importancia que tiene para nosotras, que no nos perciban como objetos sexuales, sino como mujeres con deseos, fantasías, sentimientos y emociones. Es por esto, que a lo largo del libro mencionaremos lo importante de aprender muchas cosas nuevas y reaprender otras cuantas.

La insistencia es otra de las cosas que las mujeres no soportan en la cama. Con ello, hacemos referencia al hecho de que el hombre insista en llevar a cabo una práctica sexual concreta, como sexo anal, sexo oral que a ella no le gusta. Es algo que cansa a la mujer que, aunque le dice al hombre que no quiere hacerlo, recibe como respuesta una insistencia constante cada vez que tienen sexo.

La rutina y el aburrimiento en la cama es de lo más habitual en parejas que mantienen una relación estable y duradera. Es algo que no agrada a muchas mujeres que, en vez de repetir una y otra vez un par de posturas sexuales, prefieren apostar por experimentar con posturas nuevas y detalles diferentes a la hora de la intimidad.

¿Si ya eres mamá, como influye o influyó el sexo en el embarazo, con la maternidad / hijos??

Todas las entrevistas que estuvieron embarazadas y tienen hijos, comentaron que es un hecho que la maternidad ha influido en el sexo con su pareja.

Creo que es totalmente normal y valido que esto suceda, pues nos llegan grandes y nuevas responsabilidades y a su vez, el tiempo para nosotras mismas se hace mas corto. Las mujeres embarazadas actualmente o con niños pequeños, posiblemente su interés por el sexo haya disminuido. Independientemente de lo sensual que te sientas, seguro que habrá habido cambios en tu vida sexual de pareja. La comunicación abierta será la clave para lograr unas relaciones sexuales seguras y satisfactorias durante el embarazo. Esto puede suponer hablar sobre cómo se siente, probar otras posturas o encontrar otras maneras de intimar con tu pareja.

El sexo se considera seguro en todas las etapas de un embarazo de bajo riesgo.

El embarazo no impide tener relaciones sexuales, práctica posiciones cómodas, coméntalo con tu pareja. No te preocupes, el bebé no está en riesgo, ya que en el cuello de tu matriz hay una membrana mucosa que lo protege, pero ante cualquier duda, POR FAVOR, habla con tu médico, pues cada caso puede ser muy diferente.

El parto y la lactancia pueden afectar tu deseo sexual. El agotamiento, el dolor en los senos (mamas), las exigencias de su bebé y la recuperación del parto pueden reducir tu interés en la intimidad con tu pareja o quizá te sientas más cómoda teniendo relaciones sexuales después del nacimiento del bebé, todo esto es personal y valido ante la novedad de todo lo que estás viviendo y experimentando. Pero no olvides nunca comunicar, todo lo que sientes y piensas.

A las mujeres que les hicimos esta pregunta, casi todas respondieron que les encantaría otra vez conectar con su sexualidad y volver a tener con sus parejas, el sexo atrevido, divertido y constante que tenían en el noviazgo o antes de la maternidad. ¿Se puede? Claro que se puede, todo se puede. Lo importante es reconocer que hace falta de nuevo ese "picante" en tu vida sexual y que estás o están dispuestos a modificar cosas para lograrlo. Si tu pareja piensa igual que tu y desea ese cambio, ya tiene la mitad del camino ganado, ahora ¡Manos a la obra!

¿Si ya estás en la premenopausia, menopausia o postmenopausia, como ha influido el sexo en tus relaciones?

Aquí hubo gran variedad de respuestas ya que, así como para muchas mujeres esta edad o etapa es de gran gozo y libertad sexual, para otras existen muchos tabúes.

Mucho tiene que ver si están en pareja o solas, pero creo (desde mi punto de vista muy personal), que si estás sola no deberías de reprimirte sexualmente. El previo autoconocimiento y después el auto placer, puedes ser de gran ayuda para nuestra vida sexual plena y NO LO TENEMOS QUE VER COMO ALGO MALO O TABÚ.

No debemos de necesitar a una pareja, llámese hombre o mujer para darnos placer y ser felices sexualmente.

El en capítulo 6 (el sexo y la sociedad – menopausia) nuestra querida y respetada especialista Diana Torija, escribió muchas verdades acerca de este importante tema. Te invito a que lo leas con detenimiento y reflexiones, para que llegues a tu plenitud sexual en estos maravillosos años dorados. ¡No te limites, no te reprimas!

Científicamente:

En la menopausia, la vagina cambia, se vuelve frágil, y viene la sequedad genital, causando a veces molestias a la hora de mantener relaciones sexuales.

Pero es un hecho que tener **sexo** durante la **menopausia,** mejora la calidad de vida de las mujeres.

Muchas de las entrevistadas nos contaron que practican yoga, meditación y otras técnicas que favorecen muchísimo a los genitales en estas etapas. Mantenernos activas física y emocionalmente, será la clave para lograr siempre una buena sexualidad. Recuerda también que debes consultar a tu médico y hacerte los chequeos hormonales pertinentes, que siempre pueden jugar a favor o en contra. Todo tiene solución si es diagnosticado en tiempo y forma.

¿Qué te gustaría aprender más sobre el sexo?
Cualquier mujer debería poder sentirse libre para decidir qué hacer con su cuerpo o su vida sexual sin sentir temor, culpa o vergüenza. Sin embargo, la realidad nos confirma que muchas mujeres aún mantienen una relación de extraña confusión e incluso rechazo hacia su propio cuerpo.

La sexualidad femenina tiene aún mucho trabajo por delante, ya que ante esta pregunta un gran % de las respuestas fue "conocer nuevos métodos, actividades o tips para complacerlo a él" y me salta e inquita mucho como mujer, que la mayoría de nosotras solo pensemos en el sexo para complacer a nuestras parejas.

¿Y nosotros?

Primero está el auto placer, que perfectamente nos puede funcionar si no tuviéramos tantos tabúes al respecto y segundo, sería increíble que abiertamente pensáramos en las "reciprocidad" buscar nuevas maneras, posturas, ideas, juegos, juguetes, detalles etc., para que <u>ELLOS</u> nos complazcan, seduzcan y hagan el amor.

Tu cuerpo es tu mejor aliado.

¿Qué relación mantienes con tu cuerpo? Tanto si aún estás comenzando a experimentar o como si ya crees que has aprendido todo lo que necesitabas saber, seas joven, adulta o madura, cuides en mayor o menor medida tu cuerpo o te dejes influenciar o no por el constante bombardeo de mensajes sociales que las mujeres escuchamos a diario, hay una máxima que no falla al hablar de sexualidad femenina y es:

Si realmente aceptas tu cuerpo, tu autoestima sexual te permitirá disfrutar plenamente del sexo.

Para finalizar con este punto, quiero recordarte unas cuantas cosas:

- Cada persona es única y diferente; por tanto, la sexualidad humana es diversa.

- Nada es bueno o malo, mejor o peor, sino que se trata de preferencias muy respetadas y personales.

- La salud sexual es importante: *más vale prevenir que curar*. (Responsabilidad).

- La sexualidad debe ir asociada a un sistema de valores. Respeto, educación, comunicación adecuada, tolerancia, buen uso de la libertad, autoaceptación y aceptación del otro.

¿Qué opinas sobre la importancia de la comunicación sexual en una relación de pareja?

Todas nuestras entrevistadas coincidieron que la comunicación es un factor clave en la relación de pareja y en la vida en general. Lo difícil es ponerlo en práctica cuando tenemos tantos tabúes, creencias limitantes, cuando venimos de una sociedad, cultura y religión cerrada y obsoleta.

Lo que me alegro saber en las conclusiones de esta pregunta, fue que casi todas o la mayoría, están dispuestas a trabajar en la comunicación con sus parejas.

En este libro, le dedicaremos un capítulo entero al tema de la comunicación.

La comunicación, es la manera de evitar la rutina en la vida sexual y abrirse a nuevas experiencias, a experimentar otras maneras de obtener el máximo placer. Si uno de los dos no alcanza el orgasmo es importante saber por qué, explorar su cuerpo y sus zonas erógenas, probar cosas nuevas.

Y la comunicación sexual asertiva, es un proceso de intercambio de ideas y opiniones que debe suceder entre las parejas, pero debe hacerse de forma directa, honesta, apropiada y respetuosa. Muchas veces ambos no querrán lo mismo, o no disfrutarán las mismas cosas, esto se debe decir para poder entender las necesidades del otro y saber como podemos complacerlas.

La mayoría de los seres humanos tenemos problemas con nuestro entorno por falta de una buena comunicación, y va pasando el tiempo y no le damos importancia si no tenemos las herramientas necesarias para comunicarnos con nuestra pareja, hijos, padres, colegas, jefes, amigos etc. Quizá no todos tengamos el don de la palabra, pero podemos comunicarnos mediante una carta, mail, llamada, no hay excusa para no expresarnos y hacerlo bien.

¿Qué opinas sobre los juguetes sexuales?
Un 60 % de las encuestadas ha utilizado un juguete sexual.

Si es cierto que las jóvenes están más propensas a probar cosas nuevas y experimentar con estos artículos, también nos encontramos con mujeres maduras que les da curiosidad y les llaman la atención.

Las mujeres con muchos años en una misma relación de pareja y a las que todavía no han experimentado la creatividad y el disfrute de los juguetes sexuales, les preocupa mucho el "qué dirá o pensará su pareja" creen también que es un poco loco y arriesgado utilizarlos (pues han escuchado mucha información falsa, negativa o alarmante de los mismos).

Los juguetes sexuales no sólo nos ayudan a alcanzar el orgasmo. Hacer uso de estos, te ayuda a conocer tu cuerpo y descubrir tus zonas erógenas permitiendo de esta forma, conocer lo que te hace disfrutar al estimularlas.

El más común y utilizado por las entrevistadas es el vibrador. Estos son seguros si los usas de manera responsable y los mantienes siempre limpios; de lo contrario, los juguetes sexuales pueden transmitir enfermedades de transmisión sexual (ETS).

En el transcurso de la historia, se ha visto cómo la sociedad ha avergonzado y culpabilizado a la mujer por tener deseo sexual, llenándola de tabúes que han afectado a su vida sexual, pero las mujeres tienen fantasías y deseo sexual igual que los hombres.

Si ya los has utilizado, te felicito por la seguridad en ti misma y por la iniciativa en probar cosas nuevas. Si no lo has hecho, te invito a que abras un poco tu mente y por lo menos lo intentes. Sino te gusta no pasa nada y es respetado, pero quizá descubras algo alguna zona nueva en tu cuerpo con más sensibilidad o salgas de la monotonía y rutina con tu pareja.

En el capítulo 10 (el sexo y los placeres – juguetes sexuales) nuestra estimada y respetada Ana Giraldo sexóloga de profesión y fundadora de la marca PINK SECRET, nos hablará más en detalle de los mismos, sus beneficios y cómo usarlos de manera responsable y respetuosa para nosotras mismas y para nuestras parejas.

¿Qué opinas sobre el sexo y la pornografía?
Una de cada cuatro mujeres, ha visto pornografía.

Durante las últimas décadas ha tomado fuerza la teoría de que, si no vemos o no nos interesa la pornografía, es porque suele presentar a la mujer como objeto sometido al deseo masculino.

A partir de esa idea, surgieron alternativas como el post-porno, que intentó producir una pornografía más igualitaria en la que el sexo era representado de forma positiva y en la que las relaciones habituales de sumisión desaparecían por completo.

¿Qué fue antes, el huevo o la gallina? Cada vez que se intenta analizar la relación del sexo femenino con la pornografía aparece la misma pregunta: ¿no consumen esta clase de productos eróticos porque no les gustan tal y como son o, por el contrario, están pensados para un público exclusivamente masculino porque a las mujeres, simplemente no les excita el porno?

Cuando se trata de pornografía, muchos de nosotros tendemos a tener un sesgo de género.

Es decir, cuando pensamos en los artistas intérpretes o ejecutantes en el porno, nuestra mente podría ser más propensa a pensar en las mujeres. Y cuando hablamos de consumidores de pornografía (ya sea de manera casual o compulsiva), nuestra mente piensa más a menudo en los hombres.

Si bien la investigación generalmente respalda la idea de que los hombres informan ver más pornografía que las mujeres, todavía es común que las mujeres NO informen ver pornografía (y es probable que las cifras estén sesgadas debido a estándares sociales cada vez más obsoletos, lo que aún hace que algunas mujeres se sientan incómodas al revelar esta información.

Ahora bien, la ciencia está dando aún sus primeros pasos en la investigación de las consecuencias neurológicas del consumo de porno. Está claro que la salud mental y la actividad sexual de las mujeres y hombres están experimentando efectos bastante negativos, entre los que se pueden identificar la depresión y la disfunción eréctil.

La pornografía, combinada con la accesibilidad y el anonimato proporcionado por el consumo de porno online, nos convierte en sujetos extremadamente vulnerables a sus efectos hiper estimulantes.

Recuerden que, si tienen dudas o comentarios sobre este tema, busquen a un especialista o a su médico de confianza, para mayor información.

Definitivamente es un tema con muchos matices, así que termino comentando lo siguiente:

Al tener relaciones sexuales las personas comprometen su cuerpo, sus sentimientos, salud y planes de vida; esto significa un acto de responsabilidad. Son algo maravilloso si se sabe qué hacer para tenerlas con amor, con placer, sin miedos y con responsabilidad.

Conclusión: la sexualidad es una dimensión humana que nos acompaña desde el nacimiento hasta la muerte. Es algo personal e íntimo vinculado a nuestros propios valores. Y debemos cuidarla como un aspecto muy importante de nuestra salud física, mental y emocional, (responsabilidad sí, pero no normas preestablecidas ni ideas preconcebidas).

Para las mujeres, el mejor afrodisíaco son las palabras.
El punto G está en los oídos, y el que busque más abajo está perdiendo el tiempo.

Isabel Allende

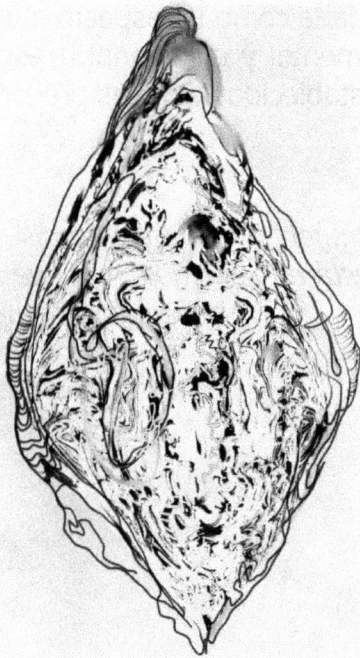

Bere Lacroix

CAPÍTULO 3

El sexo y las emociones.
El sexo y las creencias.

La vida es muy sencilla, pero los seres humanos nos la complicamos pensando que lo que nos da gozo y placer está afuera y es prohibido, pero no es así.

Tienes derecho a sentirte feliz, mereces darte cuenta que puedes tener una vida sexual placentera y que puedes dejar la esclavitud de tus propias emociones por tener creencias limitantes de la sociedad o de tu pasado quizá.

Lo que está en el exterior es solamente la manifestación de algunas cosas de tu ser y personalidad, pero tu verdadera esencia, gozo y plenitud están dentro de ti.

El saber quién eres, de dónde vienes y a dónde vas, hace que te conozcas y unifiques con tu propio ser sin importar las creencias que tengas.

Con tus pensamientos llegas a cada parte de tu cuerpo, aceptas tu genética, dejas de quejarte por lo que no eres o tienes, y gozas de cómo está formado tu ser; permítete sentir placer y percátate de qué te hace feliz. Tener una vida sexual libre y placentera es maravilloso, disfruta como está formado tu cuerpo y deja finalmente atrás el deseo de ser diferente o de ser alguien más.

Ante las emociones, nos damos cuenta de que nuestros problemas de relaciones básicamente son emocionales, y de que sufrimos más por aquellas emociones que aparecen cuando se pone en duda nuestra valía personal. La consecuencia de esta falta de conciencia se llama emoción desplazada.

Ahora bien, las emociones de cada ser humano son únicas, son como las huellas digitales, únicas e irrepetibles por eso, para conocernos realmente, debemos aceptar y entender todas nuestras emociones.

La emociones y sentimientos son muy importantes en nuestra vida; sin embargo, no es lo único que tenemos. Nosotros somos mucho más que nuestras emociones, tenemos cabeza para pensar, para tomar decisiones, para aceptar o rechazar ideas, además tenemos la voluntad y el maravilloso corazón para amar.

Únicamente cuando reconozcas como te sientes ante tus valores y creencias, serás capaz de percibir la originalidad como ser humano diferente a todos los demás.

También es importante mencionar que la comunicación de los sentimientos y emociones es vital. La finalidad es hacer capaces a las personas de llegar a un conocimiento profundo, a un entendimiento y a una aceptación de todas sus emociones, sin importar que marque o imponga la sociedad en la que vivimos. Es hora de pensar más en nosotros y olvidarnos un poco de lo que dicte la sociedad.

Todas las emociones son reacciones muy naturales, resultado de innumerables experiencias espaciadas a lo largo de la vida. Las emociones no representan ningún peligro y de ninguna manera tienen implicaciones morales. Nadie necesita nunca una razón, excusa o explicación por las emociones que pueda sentir. Esta perfectamente bien sentir lo que nosotros sentimos. El único peligro real es ignorar, negar o reprimir nuestras emociones. Callar o reprimirlas nos lleva a una distorsión generalizada de la personalidad y a una gran variedad de síntomas dolorosos; recuerden que todo lo que callamos el cuerpo lo exterioriza mediante enfermedades (tarde o temprano).

Necesidad de ventilación y desahogo.

Así como se ventila un cuarto en la mañana, a veces tenemos la necesidad de ventilar nuestras emociones encerradas. Puede haber momentos ocasionales en que sea necesario el desahogo. Te recomiendo que siempre busques a la persona indicada y de confianza, para contarle como te sientes ante alguna situación en particular, o también es muy válido y positivo salir y tener contacto con la naturaleza, hacer una caminata al aire libre, pasear con tu mascota, buscar desconectarte por un rato y dejar fluir esas emociones que a veces nos ahogan.

Diálogo y comunicación

La cuestión más dolorosa en el diálogo es la de las emociones negativas. ¿Qué hago cuando siento coraje hacia alguien? Antes que nada, el amor verdadero requiere de una honestidad total entre dos personas. Deberán respetar esas emociones no tan positivas, que pueden recibirse también como algo beneficioso ¿Por qué? Porque cuando se generan las fricciones de las emociones dolorosas, no son del todo signo de fatalidad, sino son señal de vitalidad y salud en la relación. Cuando no hay ningún tipo de tensión y fricción en la relación, es signo de que algo puede andar mal. *LAS CRISIS SON EN DEFINITIVA LA INVITACIÓN PARA CRECER.*

Los sentimientos vienen de nuestra manera de ver las cosas. De nuestras ideas.

Las personas en ocasiones usan bien su razón (son racionales) y en otras ocasiones no la usan bien (son irracionales) Muchos psicólogos comentan que cuando hay problemas psicológicos o emocionales, la raíz está en los pensamientos irracionales equivocados. Estos pensamientos equivocados son el fruto de las experiencias de aprendizaje de nuestra niñez o información errada de nuestra sociedad a lo largo del tiempo. Los psicólogos afirman que las personas no son afectadas emocionalmente o psicológicamente por los acontecimientos ni por otras personas, pero si son afectadas por la visión que se tiene de ciertos hechos.

Por lo tanto, tenemos esperanza sobre la felicidad y plenitud si cambiamos y reorganizamos el modo de ver las cosas y nuestro modo de pensar.

Después de investigar a ciertas personas con problemas nerviosos y psicológicos, se encontró que tenían en su mente una lista de ideas equivocadas, se descubrió también, que pensar y creer esas ideas era lo que estaba causando ese nerviosismo, tensión y malestar, por eso es tan importante ser flexibles, abiertos y respetar las diferentes opiniones de las personas y dejar atrás muchas creencias limitantes impartidas por nuestros padres, abuelos, amistades y por la sociedad.

Hace falta aprender a conocer y controlar lo que sentimos y lo que sucede dentro de nosotros. En la escuela o universidad, no te lo enseñan, tampoco en nuestra familia y por no conocer y no aprender a manejar las emociones y sentimientos, tenemos muchos problemas con las personas con las que convivimos.

¿Qué pasaría si alguno de nosotros se pone a manejar un carro sin haber aprendido antes a conducir? Las consecuencias de no saber manejar las emociones pueden ser aún peores que las de manejar un carro sin saberlo hacer.

Conclusión: Si la persona atropella a alguien no es por ser mala (pensando hipotéticamente), sino por no saber manejar. Igual pasa con nuestro corazón y las emociones. Atropellamos a los demás no por que seamos malos, sino porque no hemos aprendido a manejar nuestras emociones y sentimientos.

Recomendación: No dejes de ver la Película de Pixar **"Intensamente"** un gran diccionario animado, de cómo aceptar, entender y manejar nuestras emociones.

Mencionemos la diferencia entre emoción y sentimiento:

La emoción es un proceso inconsciente e incontrolable, surge, por algo, de manera espontánea. Las emociones son temporales, nos preparan para la acción, es decir, funcionan como fuerzas motivadoras que nos preparan para luchar o quizás mejor para huir. Su reacción física nos alerta de su presencia y para otras personas está claro cuáles son las emociones a partir de una conducta.

Mientras los sentimientos, son la interpretación de las emociones, somos más conscientes de ellos, es decir, reflexionamos al percibir un sentimiento y tomamos decisiones al respecto.

Los sentimientos son duraderos y pueden ser o no, congruentes con la conducta, porque podemos decidir sobre ellos y ocultarlos de manera voluntaria.

Ahora bien, hablando un poquito de los sentimientos, se presentan muchas veces cuando menos los esperamos y así de esa misma forma desaparecen. A veces los sentimientos son algo momentáneo y van cambiando.

Aunque todos tenemos sentimientos, cada persona tiene un modo diferente de sentir. De igual manera tiene mucho que ver con lo que nos enseñaron de pequeños, con las diferentes experiencias y vivencias que hemos pasado y tenido en la vida, ya que los sentimientos de cada uno de nosotros son únicos y por supuesto válidos.

Por eso es tan importante conocernos a nosotros mismos antes que a nadie, y con esto me refiero a conocernos en lo que sentimos, pensamos y creemos. Los sentimientos son la fuente para conocernos, de ninguna manera son un peligro del cual hay que huir, no son malos, sino que nos ayudan a diferenciarnos a nosotros de los demás. Estos serán siempre el mejor indicativo de lo que está sucediendo en nuestro interior.

Las creencias ante la sexualidad

A lo largo de nuestra historia contemporánea, la sexualidad ha sido entendida como algo que debe guardarse para la intimidad y lo privado. Esto ha llevado a la sexualidad a permanecer en la oscuridad creándose por tanto una idea de tabú sobre ello.

No obstante, lo prohibido es algo que a la gente le atrae por lo que a pesar de que se ha tratado de ocultar, la gente intenta hablar de ello, pero siempre a escondidas. Esto ha creado un sinfín de creencias limitantes y erróneas sobre la sexualidad.

Pero no siempre ha sido así. En la antigua Grecia, la sexualidad era algo que tenía una gran importancia en la sociedad y por tanto también en la instrucción de los jóvenes. La iniciación de los jóvenes tanto en el amor, como en la guerra era algo por lo que se preparaba en esta época.

Aunque eran otros tiempos y esta educación estaba tan solo al alcance de los chicos varones, el devenir de la historia fue haciendo desaparecer esa cultura y con ella la apuesta que se hacía por entender y aprender sobre la sexualidad de las personas.

Una vez dejada atrás esta cultura, el cristianismo instauró nuevas normas y creencias entre las que se planteaba que las relaciones sexuales debían tener un único objetivo, el de la procreación.

Siglos de silencio y de vergüenza, han contribuido a mantener muchos mitos y creencias sobre la sexualidad. Sin embargo, en estos años donde la comunicación y la información fluyen en Internet, todavía seguimos manejando muchas de estas falsas creencias.

Una gran falta de educación sexual y la desinformación que proporcionan ciertos espacios de la red, no hacen más que mantener ideas equivocadas, miedos y tabúes sobre el tema.

El desarrollo impetuoso de la sexología, está causando efectos revolucionarios que deben ser conocidos. No sólo contribuye a un vivir sano y equilibrado sexo, sino que juega un importante papel en la conformación de una nueva sociedad. Por ello, lo que se inició como una revolución sexual desbordada, hoy es el marco científico que está influyendo en otros campos más abiertos y positivos, en vivir y disfrutar plenamente del sexo de una manera responsable.

El arte de la seducción es otro tema muy interesante, pues deberíamos de romper con el estereotipo social e identificar nuestras creencias limitantes para finalmente modificarlas. Hay una sabia frase que dice: "Si quieres resultados diferentes, debes hacer las cosas de manera diferente" recuerda que tus resultados son consecuencia de tus actos, estos de tus ideas y pensamientos y estos a su vez de tus creencias. Entonces, decídete de una vez por todas a modificar las falsas creencias referente al SEXO y de la vida en general, que son las que te impiden que consigas lo que tanto quieres y necesitas sin sentirte culpable.

Mentalidad general. Está conformada por las creencias que tenemos acerca de la vida y de nosotros mismos. Todos los estímulos que recibimos se filtran a través de nuestras creencias por lo que la interpretación que hagas de estos estímulos, estará condicionada por tus creencias y eso determinará tu percepción sobre tus emociones, pensamientos y conductas.

La importancia del subconsciente. Las creencias se almacenan en tu subconsciente, lo que significa que en su gran mayoría no te das cuenta que las tienes, pero ahí están y ejercen control en tu vida, sobre las emociones, pensamientos y conductas, y por consecuencia sobre los resultados que de estas se derivan.

La mente se puede dividir en dos: La menta consciente, que es la parte de tu mente que captas dándote cuenta de los que sucede y de la que tienes cierto control. La mente subconsciente que es donde se alojan las ideas, pensamientos, conductas y creencias y no te das cuenta que las tienes.

"No son las hormonas ni los neurotransmisores producidos por los genes los que controlan nuestro cuerpo y nuestra mente; son nuestras creencias las que controlan nuestro cuerpo, nuestra mente y, por lo tanto, nuestra vida. "
~ Bruce Lipton

A lo largo de la vida vamos experimentando diferentes situaciones y experiencias que nos van determinando y en ocasiones van generando en nuestra mente ciertas "verdades" sobre cómo es la vida o cómo vivirla, sin embargo, lo que no queda tan claro es que determina cuando nos sucedan tales o cuales situaciones, simplemente las vivimos y creemos que es lo que nos correspondió o lo que merecemos.

Lo que se ha venido descubriendo en los últimos años, es que hay una incidencia importante entre los pensamientos y memorias que se alojan en nuestro inconsciente y las experiencias que vivimos.

Estas son las llamadas creencias.

Cada vez con mayor frecuencia escuchamos hablar sobre las creencias o pensamientos limitantes, y soy una convencida que estas son el punto de partida de la gran mayoría de situaciones que vivimos.

Se perciben como el extremo del hilo por donde comenzar a desenredar el nudo, donde todo inicia, el origen de nuestras experiencias, sean agradables o no, el origen desde donde se sostienen nuestros bloqueos o las vivencias que nos expanden.

Iniciemos por definir qué es una creencia

Es la aceptación por parte de la mente, de que un pensamiento es verdadero o real, reforzado por un componente emocional.

Las creencias son filtros inconscientes de la forma como vemos el mundo.

Las creencias limitantes, son aquellas que bloquean diferentes aspectos de nuestra vida, haciendo que vivamos situaciones de manera repetitiva, muchas veces sin entender por qué lo hacemos.

Algunas creencias pueden ser adquiridas, heredadas y otras colectivas, y todas ellas crean y/o delimitan nuestras experiencias.

Según estudios científicos el 85 % de nuestras creencias están en el inconsciente, es decir, no las vemos, no sabemos que las tenemos.

Y el 95 % de nuestro tiempo operamos desde este, es decir, vivimos el 95 % de nuestra vida desde las creencias que no sabemos que tenemos.

Ahí está el asunto, en que no las vemos, ni siquiera sabemos que las tenemos, simplemente dirigen nuestra vida en piloto automático y pocas veces nos damos cuenta o nos cuestionamos si esos pensamientos siguen vigentes o si simplemente ya no resuenan con el momento presente.

Desde la neurociencia nos dicen que al cerebro no le interesa la verdad y si le interesa la coherencia; es decir, el cerebro no nos va hacer cuestionar si tal o cual creencia es verdadera o no, simplemente va a hacer que atraigamos a nuestra vida situaciones, personas, experiencias, eventos, que nos comprueben dicha creencia, para de esa manera, ser "coherentes" con lo que pensamos.

Esta es la razón por la cual, muchas veces y muchas personas seguimos dando vueltas en las mismas situaciones, sin lograr hacer cambios significativos o profundos en nuestra vida.

El sistema de creencias desde la física cuántica

La física cuántica explica con claridad el sistema de creencias.

En el campo cuántico están todas las opciones posibles a experimentar, y nuestro sistema particular de creencias es la lógica que materializa una realidad y define nuestra percepción.

Por más que existan todas las opciones, no tenemos acceso a todas ellas; dependiendo de las creencias será la realidad que percibamos.

Lo que pensamos es la información que convierte esa onda (pensamiento) en partícula (realidad), definiendo así nuestra percepción de la realidad.

Por lo tanto, todo lo que experimentamos ha pasado primero por el tamiz de mis creencias. Si queremos tener una experiencia diferente, debemos cambiar los programas que rigen nuestra percepción.

En definitiva, la Física Cuántica nos habla de posibilidades y lo mágico de esto, es que las posibilidades no hay que defenderlas.

¿Creencias o verdades?

Cuando nos apegamos a una verdad, a una idea, a una forma de ver la realidad, tendemos a defenderlas, y no nos percatamos que la verdad es solo una posibilidad que ha sido sostenida en el tiempo y que hay tantas verdades como posibilidades, cuando podemos ver esto, podemos abrirnos a la posibilidad de cambiar las creencias.

Quita los velos

Solo cuando nos detenemos a pensar, a cuestionarnos, qué hay detrás, qué sostiene una u otra situación, solo cuando nos disponemos a quitar los velos que nos separan de nuestra esencia, de nosotros mismos, es cuando van emergiendo a la superficie, como pequeñas burbujas de aire, esas creencias que han estado ocultas.

El primer paso es comenzar a cambiar la percepción de nuestra realidad, comenzar a mirar las mismas situaciones desde otras perspectivas, que nos permitan ampliar la visión del panorama y tener otras miradas de la misma situación.

Por eso quiero invitar a cada mujer que hoy está leyendo estas líneas, a que transforme su mirada, observe en su interior y se cuestione muchas cosas, para que elija conscientemente otra posibilidad y actúe en coherencia con ello.

Para hacer esto es necesario pausar y observar:

1. ¿Es útil para mi este pensamiento en este momento?

2. ¿Hay forma de sentirlo de otra manera?

3. ¿Existen otras posibilidades para percibir esta experiencia?

Cambia tus creencias, cambia tu vida

Y si hablamos de sexo, el tema que nos reúne en este libro, tendremos que reconocer que el sexo es uno de los temas más teñidos por esas creencias adquiridas, aprendidas, heredadas y colectivas de las cuales hablamos anteriormente.

El sexo, de por si es considerado un tema tabú y me gustaría comenzar por definir este concepto.

La palabra "tabú" es de origen polinesio y en su contexto original significaba "prohibición".

Era una forma de ley sagrada de los pueblos polinesios, que no sólo controlaba la conducta, sino que impedía la mención siquiera de aquello prohibido.

Entonces, los tabúes son todas aquellas conductas, acciones o expresiones que son prohibidas o vetadas por la sociedad.

Dejando de lado la prohibición, este libro da un paso adelante para hablar de sexo y si hablamos de sexo es nuestro deber "hablar fuerte".

A continuación, mencionaré algunas creencias asociadas con el tema que nos reúne:

1. El sexo es pecado.

2. Si soy sexy paso a la lista de las chicas malas.

3. Si soy sexy van a abusar de mí.

4. Si soy sexy soy vulnerable.

5. Si disfruto del sexo soy una "puta".

6. Debo aprender sobre el sexo para satisfacer a mi pareja.

7. Es más importante que mi pareja sienta placer a que yo lo sienta.

8. Si soy tímida en la cama mi pareja se va a conseguir a otra.

9. Si soy buena en la cama mi pareja va a creer que tengo a otro.

10. El sexo es sucio.

Y tal vez una de las creencias que más me impacta y que durante mucho tiempo oí y repetí es: "si quieres que tu matrimonio funcione, debes ser una dama en la sala y una puta en la cama".

¡Una puta en la cama! Es increíble como consideramos que si tenemos una sexualidad plena y placentera es ser una puta y no es porque tenga algo en contra de las personas que han decidido ejercer la prostitución, sino porque se generaliza e inmediatamente se pasa a la lista de las putas, a las mujeres que quieren, desean, sienten y disfrutan plenamente las relaciones sexuales, cuando en realidad el sexo es vida, la sexualidad nos conecta con la vida desde toda perspectiva distinta, hermosa y profunda.

Es difícil creer que un tema que nos compete a todos (de ahí venimos) y a que a todos nos interesa, sea un tema prohibido, guardado en gavetas y un tema oculto.

No se trata de cambiar nuestra esencia, se trata de cambiar los hábitos que han sido creados por pensamientos, sentimientos, actitudes, creencias y percepciones desde el subconsciente, por otros, elegidas desde nuestro consciente.

"Si cambia la creencia, la biología responde a la mente".

Tiene que ver con un proceso bioquímico del maravilloso, sorprendente y perfecto cuerpo que tenemos. Así que espero te decidas "hoy" a cambiar tus creencias y disfrutar plenamente de tu sexualidad.

La palabra sexo no tiene el mismo significado para las mujeres que para los hombres y esta es una de las causas de los grandes malentendidos que nos dividen.

Simone de Beauvoir

el sero y el autoconocimiento.

CAPÍTULO 4

El sexo y la espiritualidad

TODO ES SAGRADO, NADA ES PROFANO

Cuando hablamos de Tantra podemos pensar en la sutileza de un sonido que nos conmueve o en las palabras de una poesía poderosa, no hay una forma exacta que pueda describir el significado y el efecto del Tantra tan verdadero como la práctica.

Tantra es el espacio en donde, a través de la aceptación, convergen las polaridades y trascienden al amor. En esta práctica tanto el amado como el que ama, dejan de existir en el pasado o en el futuro y se aman en el presente, como lo veremos más adelante.

Tantra es una combinación de elementos de Raja (la mente por encima de los órganos del cuerpo), Bhakti (Devoción desinteresada y reconocimiento de la divinidad en todo), Karma (Acción altruista), Kundalini (Yoga de la conciencia) Hatha (balance de la energía masculina y femenina).

En sánscrito Tantra, es una palabra compuesta que contiene sendos significados. TAN se refiere a la creación, expansión y grandeza del universo; a la existencia de lo masculino y lo femenino (Shiva y Shakti). Mientras que TRA tiene que ver con el trascender, con la unión de las polaridades. Significa también trinidad y es el prefijo Tra que se les da a las palabras que describen elevación como, trascendencia, transparencia, transpersonal, entre otras.

El término Tantra, que en sánscrito significa tejido, fue dado en el norte de la India cuando la práctica vino desde el Himalaya en el año 1.700 AC. El significado se mantuvo en los antiguos Asia y Europa desde el punto de vista filosófico y religioso, Tantra es la esencia de todas las religiones, es el trascender. Se reconoce como el poder y la energía de lo sagrado, la mente humana, los animales, las semillas, entre otros.

Tantra viene de la prehistoria y yoga en India, y se le dio forma a través de la práctica y la meditación, es aquí cuando se establece la unidad o la convergencia de las polaridades, la unicidad. Las polaridades se advierten más marcadas, en el yoga, vives en el momento presente y se trasciende a través de la muerte, mientras que en el Tantra no hay pasado, no hay futuro, solo estás en el presente y se trasciende sin morirse.

Una de las formas que se puede lograr la práctica Tántrica es a través de una relación de pareja, polaridades que convergen a través de la energía de Shiva y Shakti, siendo estas las dos deidades más antiguas en India que representan las fuerzas masculina y femenina en unicidad. La sexualidad sagrada es la ruta para que la práctica del Tantra sea parte de la ley religiosa y moral que gobiernan y hace posible la conducta social e individual (Dharma).

En la relación de pareja sólo hay una relación y es la del amor que tiene las características de la afirmación mutua y está diseñada para lograr la experiencia de felicidad y encantamiento para toda la vida.

El sexo es la energía básica que impregna cada célula de nuestro ser, es de dónde venimos, es nuestro origen. En la actualidad el sexo lo tratan de controlar como una energía a reprimir que se convierte en un instrumento de dominación y explotación. Es en esta parte en donde la práctica del Tantra extiende el puente para encontrar la puerta a nuestro ser auténtico, reconocerlo, aceptarlo y disfrutarlo al 100 %.

El tantra se basa vagamente en textos religiosos que se enfocan en la espiritualidad. El sexo tántrico es una forma lenta, meditativa en donde el propósito no es el orgasmo, sino disfrutar la actividad sexual y las sensaciones del cuerpo.

La filosofía de esta práctica se refiere a la aceptación de nosotros mismos y a su vez al proceso de transformación con relación a la aceptación del deseo y lograr adentrarnos en él con una profunda sensibilidad de conciencia de amor.

El sexo no es entendido como el principio, se está perdiendo una gran cantidad de información que permite que el ser sea completo y tenga la posibilidad de encontrar la convergencia de la polaridad y la unicidad a la entrega total. Cuando finalmente nos rendimos y nos aceptamos a nosotros mismos, aceptamos el proceso sexual original, aceptamos el deseo adentrándonos en él con profunda sensibilidad, desde la conciencia y el amor, es entonces cuando encontramos la puerta a nuestro ser auténtico que está enraizado en este mundo aquí y ahora.

Aceptando que cada célula de nuestro cuerpo está impregnada de la energía básica que da origen a nuestro ser, entonces trascenderemos.

El sexo lo hemos aprendido con miedo, históricamente se le ha mirado con desprecio y como una herramienta de manipulación, de dominio o transacción. El cuerpo se ha cosificado con la excusa de satisfacer la energía sexual, el acto es urgente, en afán y desconfianza, entonces el cuerpo y la mente se retraen y se estancan en el fin, el principio se pierde y se pierde el sentido original y perfecto del sexo.

Es tu derecho amar tu cuerpo y tu energía sexual, así como como amas y agradeces a tus ojos, tus manos, tus pies, aceptas la integridad de tu cuerpo. Aceptarlo con naturalidad, sin conflictos, sin ideologías o filosofías se transformará en amor y así el mundo se convertirá en Nirvana (estado supremo de felicidad plena que tu alma y cuerpo pueden lograr)

Cuando llegues a la aceptación te relajarás y tu vida será únicamente amorosa. Tu única dimensión, la presente, será el amor, no habrá pasado ni futuro, entonces vivirás en una constante eternidad de amor, felicidad y gozo.

SI SE REPRIME EL SEXO, SE REPRIME LA ENERGIA DEL AMOR

Kundalini Tantra

La palabra Kundalini viene del sánscrito y significa energía vital de la rueda energética o chakra uno, Muladhara. La práctica espiritual es muy antigua, el término Kundalini se halló por primera vez en textos sagrados, *Upanishads*, que datan aproximadamente en el año 1000 A.C.

La energía Kundalini es la que emana el chakra uno, Muladhara o chakra raíz, está representada por una serpiente enroscada en la base de la columna vertebral. Es una energía muy poderosa que se refina con la práctica del yoga, esta se eleva a lo largo de los siguientes seis chakras que se encuentran de manera ascendente a lo largo de la columna vertebral; a esta ascendencia energética refinada también se le llama el despertar del Kundalini.

El objetivo final de la práctica de Kundalini Tantra, es lograr un estado de conciencia máximo, Samadhi, que significa conciencia súper mental. En el proceso de elevar el estado de conciencia hay tres pasos principales: el primero, conciencia sensual, luego conciencia mental y por encima de estas dos la conciencia súper mental o también la encontramos como la conciencia de ti mismo. Samadhi no se logra sino a través de una serie de experiencias que gradualmente van de un escenario a otro en refinamiento.

Para lograr el estado de conciencia súper mental es preciso superar la barrera de la dualidad y también es necesario aceptar sin resistencia, la convergencia que en adelante será el estado neutral, de unicidad y amor.

La práctica Kundalini se apoya en herramientas para lograr el gran y único objetivo, como lo mencionamos anteriormente, un estado máximo de conciencia. La herramienta principal es nuestro cuerpo y a través de mantras (vibración de voz de frases con significado), mudras (posturas con las manos), asanas (posturas), kriyas (series), pranayama (respiración), bandas (cerraduras), entre otros; llegamos al objetivo.

La práctica, la constancia, la conciencia y la aceptación son algunas actitudes que nos llevan al camino del refinamiento delicado, poderoso y así lograremos trascender al Samadhi a través del chakra corona. La fuerza de la tierra, salvaje y tosca se encuentra en el triángulo inferior, ruedas energéticas o chakras: uno (raíz), dos (sacro) y tres (Plexo solar), que de uno al otro se van refinando a través de posturas, meditación y relajación.

Cada chakra posee características específicas que se activan con la práctica y así de manera sostenida logramos ascender a través de la columna vertebral, mediante el triángulo superior, hasta la coronilla, Samadhi. El segundo triángulo, el superior, conformado por los chakras cuatro (Corazón), cinco (Garganta) y seis (Intuición) y por último el chakra siete (Corona) a donde la energía completamente refinada converge y es la energía sexual en éxtasis que trasciende a la iluminación. Es el espíritu que obra el milagro de la manifestación a través de nuestra sexualidad.

Esta energía trascendida ya la vivimos, ya lo sentimos, está en nuestro sistema. El asunto es que no la reconocemos por diferentes razones, como las religiosas, sociales, culturales y otras. El concepto de sexualidad ha sido mitificado y manipulado justo porque es una experiencia tan esencial que casi es imposible expresarla en palabras, y cuando no entendemos qué está pasando en nuestro cuerpo, pues le damos alguna calificación o lo prohibimos, lo inhibimos, lo manipulamos o simplemente lo usamos como una cosa que produce satisfacción.

No es gratis que las historias románticas describan el enamoramiento como "tener mariposas en el estómago" o que los enamorados pierden el sentido del tiempo y el espacio, el riesgo deja de existir y se abandonan al placer; entendiéndose el placer como algo momentáneo, afanoso y en muchas ocasiones negativo. Lo que no sabemos es que esa energía que utilizamos en el acto sexual, es la que está nutriendo una unión, una relación que nos lleva a un estado máximo de trascendencia y de amor.

El estado de enamoramiento no tiene medidas, ni límites, todo es posible, todo es bello, no hay amenaza, ni riesgo, aunque lo que hagamos lo califiquemos como lo más "loco" que hayamos hecho en la vida; la medida del peligro se pierde y no existen riesgos y nos volvemos temerarios.

Nada de esto es consecuencia de sólo un acto sexual, es consecuencia de toda la energía, la trascendencia y la belleza que se activa en un encuentro de sexo entre dos cuerpos, pero desafortunadamente vivimos en el desconocimiento y con frecuencia lo ensuciamos, lo negamos, nos castigamos por sentir, nos lo prohibimos y lo convertimos en un acto de deshonra que nos lleva al dolor y a la frustración.

Frustración porque lo que mi cuerpo físico está sintiendo es tan maravilloso y tan difícil de expresar en palabras, y al mismo tiempo en ocasiones es prohibido y oscuro, que ya no hay más remedio que abstenernos y negar al placer.

Una vez aceptemos el encuentro o relación sexual como un acto de trascendencia espiritual que al mismo tiempo nos permite experimentar el amor y la aceptación de nosotros mismos, es cuando nos vamos a aceptar completamente en nuestro cuerpo, en nuestra mente y en los placeres, entonces el dolor y la culpa desaparecerán y habremos logrado el estado más alto de amor.

La promiscuidad no es otra cosa que la búsqueda constante de apagar un fuego interno que en vez de iluminarnos nos escandaliza, entonces el concepto se vuelve turbio y comenzamos a jugar con los términos que socialmente hemos creado para referirnos al sexo; es que no me comprometo con nadie solo quiero tener a alguien para acostarme y satisfacer mis necesidades sexuales y así vamos por la vida desperdiciando esta energía maravillosa y entregándosela a cualquiera y de cualquier forma con tal de experimentar unas serie de sensaciones que en la conciencia no logramos entender. El cuerpo es la única, la más poderosa y maravillosa herramienta que existe para lograr y alcanzar el máximo éxtasis.

Una vez hagamos conciencia y aceptemos que la energía sexual no es un desaforado y afanado acto sino el enaltecimiento del amor por nosotros a través de nuestro cuerpo, entonces la vida sexual será diferente, el concepto del cuerpo será el mejor, la excitación sexual, el orgasmo, la piel, la humedad serán honrados. Así el acto sexual encontrará finalmente el lugar que le corresponde en nuestra vida.

El chakra uno o chakra raíz, a donde se encuentra la energía sexual, está ubicado en la base de la columna vertebral, es el primero de tres que van de forma ascendente, como lo describimos anteriormente. Este primer triángulo inferior, se nutre de la energía que viene directamente de la tierra en su forma natural y se relaciona con la vitalidad y la supervivencia, procreación y conservación de la especie.

Mientras sucede el acto sexual, la energía se refina y a medida que pasa por cada chakra, el proceso de purificación sigue sucediendo de forma ascendente y llega al triángulo superior a través del plexo solar o cuarto chakra, siendo este el puente que lleva al corazón, dando paso a la intuición para finalmente ascender al chakra siete o chakra corona y llegar al suceso que acontece en nuestro cuerpo en un encuentro sexual, la máxima expresión de la trascendencia y la conexión con el amor de dos personas.

Desde la antigüedad existen muchos libros con dibujos y literatura acerca de Tantra Yoga, esto en el mundo oriental, en el mundo occidental existe literatura acerca de la razón de ser de la práctica tántrica y su filosofía, también hay maestros experimentados en el tema que nos ofrecen cursos en línea o presenciales, invitándonos a prácticas; pero toda la información nos lleva a una misma conclusión, la aceptación de nuestro sexo y nuestra sexualidad.

Como mencionamos anteriormente, debemos ser conscientes y aceptar que nacemos con nuestras manos, nuestros ojos y lo agradecemos, nos sentimos afortunados; sabemos también que no podemos prescindir de ellos momentáneamente, para no tocar o no mirar, así mismo no podemos prescindir de nuestro sexo para no sentir, lo único es la aceptación. Aceptar la idea de sentir, ver, tocar y besar, también la de amar y trascender en ese amor que somos nosotros mismos.

Caminar descalzos sobre la hierba fresca y sentir la temperatura, la humedad y la textura nos conecta con la tierra y se activa el chakra uno o chakra raíz que es donde se encuentra nuestra energía sexual, no es gratis que la literatura le dé la descripción a este punto energético con la palabra raíz.

La raíz afianza y permite experimentar seguridad y aceptación de nosotros mismos, nos conecta con la madre tierra que nos nutre con su alimento que es energía viva. Sentarnos a recibir la luz del amanecer y el atardecer también nos une a nuestra energía sexual.

Desde el punto de vista físico, el chakra raíz además de los órganos sexuales, está también directamente relacionado con los órganos de eliminación de nuestro sistema, esfínteres, recto y ano, para esto existen asanas o posturas que ayudan a fortalecer los músculos del piso pélvico coadyuvando al buen funcionamiento y a la salud de estos órganos.

Cuando nuestra mente está inquieta y nuestras emociones alteradas, puede ser que la energía del chakra raíz no esté balanceada, significa que no estamos pudiendo gestionar emociones o incomodidades que vienen desde nuestro entorno y se quedan instaladas en nuestro sistema, por lo que es importante y muy saludable encontrar momentos de silencio o meditación.

Existe un sin número de meditaciones que, combinadas con posturas físicas, nos van a aliviar y con una práctica constante llegar a fortalecer esa zona de nuestro cuerpo y así lograr un estado mental y físico que nos permita vivir en aceptación y ser los mejores amantes de nosotros mismos.

NO SEAS EL QUE BESA O EL QUE ES BESADO, SÉ EL BESO; NO SEAS EL QUE ACARICIA O EL QUE ES ACARICIADO, SÉ LA CARICIA; NO SEAS EL CUERPO QUE AMA O ES AMADO, SÉ EL CUERPO QUE TRASCENDIÓ, SÉ EL AMOR.

El amor es emoción, y el sexo, acción.

Madonna

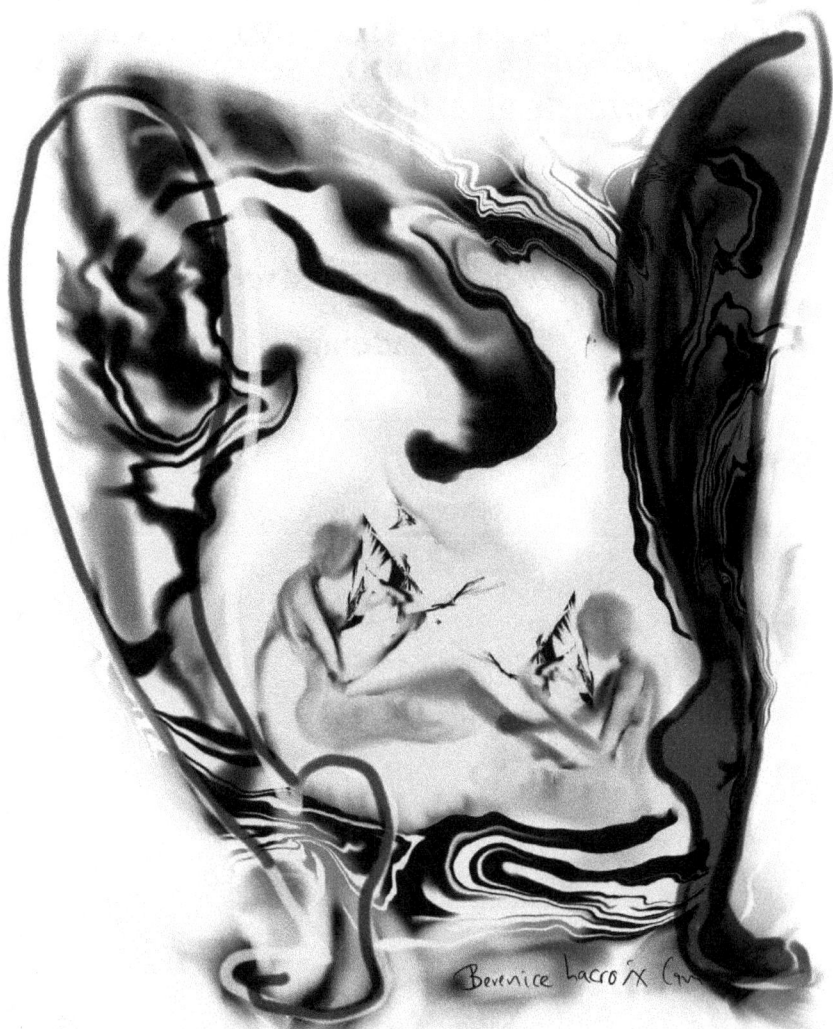

Berenice Lacroix (m

Sexo y comunicación

CAPÍTULO 5

El sexo y la comunicación

La sexualidad forma parte de nuestra personalidad, posee características aprendidas y comunicadas de una generación a otra. Para entender la sexualidad, con conocer la anatomía y la fisiología sexual no es suficiente, ya que, al constituir una dimensión del ser humano, es imprescindible tener en cuenta la psicología sexual y la cultura en la que cada individuo está inserto; para vivirla de manera placentera, hay que disponer de una información-educación correcta que debería comenzar desde el momento en que se nace.

En nuestros encuentros sexuales, la pasión puede encender y lograr maravillas hasta que... aparecen nuestros fantasmas e inseguridades, nuestras expectativas que se topan con la dura realidad del otro y de mí misma frente al otro. ¿Cómo creamos estas expectativas a menudo tan distorsionadas? Las películas y novelas nos muestran una realidad distorsionada acerca de los encuentros sexuales de primera vez, donde todo fluye de manera perfecta y apasionada, donde las inseguridades y prejuicios no interfieren y se logran orgasmos tan intensos y duraderos que nos van creando una expectativa del desempeño que ambas partes "debemos" tener. Por su parte el hombre debe ser un semental, que tiene toda la energía y fuerza, que eyacula copiosamente, que está bien dotado y que tiene una gran erección que dura una eternidad; la mujer, por su parte, generalmente es mostrada con cuerpos casi perfectos, muy segura de sí, sin una pizca de inseguridad, ies acariciada detenidamente y con preámbulos románticos de novela! Libre de todo temor e inseguridad se entrega completamente al deseo y logra uno, dos o más orgasmos.

De alguna manera esta "información" proviene de los medios de comunicación no académicos que ha predispuesto la expresión de la sexualidad, por esta razón es importante que afrontemos con nuestra pareja estas inquietudes; es ahí donde la intimidad juega un papel por demás importante. Entendemos la intimidad como la confianza, vinculación emocional y afectiva que sentimos hacia otra persona, en este caso nuestra pareja. La intimidad nos permite compartir vivencias, fantasías, miedos, alegrías, deseos, angustias, etc. Al hablar de intimidad sexual, estamos hablando de todo aquello que compartimos en relación con el sexo, mucho más que la parte física.

Sin duda la **comunicación** en el sexo es un aspecto fundamental; sentirnos confiados de comentar nuestros temores y fantasías, nuestros placeres y aquello que nos repugna, nuestras culpas y vergüenzas, aquello que nos hace sentir plenos o utilizados, es esencial en la manera en que experimentamos el sexo. Sin embargo, de manera ancestral, nuestra cultura ha colocado el tema del sexo en una posición de tabú, culposo y hasta vergonzoso; cuando abordamos el tema, a veces lo hacemos utilizando la coraza del humor para darle la vuelta a la vergüenza que nos genera, otras simplemente lo evadimos.

Para que la comunicación con nuestra pareja sea efectiva ha de darse en tres niveles:

Racional. Lo referente a nuestros gustos, aficiones, valores, conceptos y creencias, aquello que hemos inferido por la interpretación que le hemos dado a nuestras propias experiencias, lo que pienso o percibo de los eventos que he vivido en cuanto a mi sexualidad y cómo esto condiciona mis sentimientos o actitudes con respecto a ellos, cómo nos vemos a nosotros mismos y cómo creemos que los demás nos ven (meta identidad).

Meta identidad: **lo que uno cree que los otros piensan/opinan de uno**. La meta identidad será un factor decisivo en la etapa del cortejo, en la búsqueda de pareja sexual; está formada por las creencias y actitudes al momento de la relación sexual. Cabe mencionar que solo conocemos nuestra meta identidad hasta que la confrontamos.

Emocional. Incluye deseos, sentimientos, los miedos e ilusiones, hablar de las emociones que se generan en nuestros encuentros sexuales; esto impacta, obviamente, en nuestra autoestima (una buena autoestima es la valoración, generalmente positiva, de uno mismo) y está íntimamente relacionada con la posibilidad de realizar acercamientos de intimidad suficiente para arribar a un encuentro sexual.

Sexual. La importancia de este ejercicio radica en darnos cuenta del conocimiento que tenemos el uno del otro, de las cosas que nos faltan por descubrir y de los aspectos que han ido cambiando a lo largo del tiempo.

A lo largo de nuestra relación de pareja, dialogar sobre lo que pensamos del sexo, sobre cómo han sido nuestras experiencias sexuales, qué opinamos sobre la masturbación, sobre el uso de juguetes sexuales, sobre prácticas que no son quizá tan comunes, nos permite ver al otro y también darnos a conocer en este aspecto tan íntimo de nuestro ser. No tiene nada que ver con respuestas correctas o erróneas o breves del tipo sí o no. Nuestros gustos, deseos y necesidades pueden ir cambiando a lo largo de nuestra vida adulta y está ok.

Es así como la comunicación sincera e íntima es el camino para conocerse verdaderamente en pareja, lo que forma parte esencial de su vida y su ser, pero, ante todo, la pareja ha de prestar atención a los hábitos que tienen en su comunicación y evitar la crítica, la defensiva, la evasión, la indiferencia e incluso el desprecio, que tanto dañan la relación.

El arte de la conversación

Saber mantener una conversación es lo más importante, es la forma ideal para conocerse y es como después vas a generar o incrementar la atracción mutua y así crear la confianza entre ustedes, para entonces establecer una conexión emocional.

Hay diversas cosas que debes considerar para mejor tus habilidades de conversación y comunicación, aquí algunas de ellas.

Es más importante el cómo lo digas que lo que digas, ya que lo que tu comunicas es lo que causa mayor impacto. Comunicarnos con un buen tono de voz, con respeto, siempre con contacto visual, es muy importante también respirar y hacer pausas, y por qué no sonreír de vez en cuando.

En la comunicación, el secreto está en cómo interpretemos las cosas, en el resultado de cómo reaccionamos (interna y externamente) a través de nuestros pensamientos y sentimientos. De una buena percepción surge la motivación, la creatividad y nuestras ideas; la motivación, la creatividad, nuestros pensamientos e ideas dan origen a nuestras conductas, actos y, por ende, a tener una buena comunicación con nuestra pareja.

Practicar la asertividad ayudará a expresar las necesidades, así como entender las de tu compañero/a. La misma nutrirá la unión permitiéndoles manifestar su punto de vista y mejorar la comunicación en las parejas.

También es importante mencionar que, si nosotros no estamos bien y no tenemos una salud emocional equilibrada, es muy difícil que la comunicación con nuestro entorno fluya, así que primero responsabilízate de ti.

Cómo cambiar tu estado emocional

- Elimina o modifica tus creencias limitantes y tus conductas disfuncionales.

- Cuando sientas emociones con carga negativa, trabaja en ellas.

- Identifica y rompe tus patrones mentales negativos y/o conviértelos en positivos.

- Haz ejercicio 30 minutos, por lo menos 3 o 4 veces a la semana, para drenar y liberar todo lo negativo.

- Visualízate cumpliendo cada uno de tus objetivos.

- Ve o escucha con regularidad videos de superación y temas motivacionales.

- Duerme bien y come saludablemente.

- Medita regularmente.

Prejuicios en el sexo

El porno modela nuestras expectativas en el sexo y las novelas modelan nuestras expectativas románticas.

En nuestros encuentros sexuales, la pasión puede encender y lograr maravillas hasta que... aparecen nuestros fantasmas e inseguridades, nuestras expectativas que se topan con la dura realidad del otro y de mí misma frente al otro. ¿Cómo creamos estas expectativas a menudo tan distorsionadas?

La comunicación es uno de los aspectos más importantes en una relación de pareja y en muchas ocasiones es muy difícil de objetivar. Una buena comunicación es la clave en el bienestar; para sentirnos comprendidos por nuestra pareja, es de gran importancia fortalecer los vínculos, pero esto no siempre se consigue y puede acarrear grandes consecuencias. Hay que tener en cuenta que, para lograr una adecuada comunicación, lo más relevante es la forma en la que se expresa y el contexto en el que se transmite el mensaje o idea.

Errores en la comunicación de pareja

Las parejas que tienen más amistad tienen mejor intimidad y vida sexual; esto se construye poco a poco, cuando dedicamos un momento a platicarnos sobre lo que pasó en nuestro día y de cómo nos sentimos al respecto, cuando se expresan las necesidades sin crítica y a la vez aceptamos las opiniones de nuestra pareja sin tratar de convencer al otro, así se construyen los pilares más importantes dentro de la comunicación. Otro tema esencial es el aprender a manejar el conflicto, y esto no implica necesariamente resolverlo, aprender a identificar las emociones negativas antes de que escalen.

Como lo asegura el modelo propuesto por Gottman, las buenas relaciones nos dan mayor salud mental, estabilidad emocional, felicidad y más longevidad.

El rompimiento de la comunicación y del amor se debe siempre a problemas emocionales o sentimentales, por esto la comunicación es tan importante en nuestra relación de pareja.

Aquí algunos de los problemas de comunicación más comunes en las relaciones:

1. Celos.

2. Comunicación pasivo-agresiva y uso de la culpabilidad.

3. Falta de tiempo juntos.

4. Incompatibilidades en la manera de vivir la sexualidad.

5. Falta de un proyecto de vida en común.

6. Problemas de convivencia y reparto de responsabilidades.

7. Situación económica.

8. Desatención.

Los conflictos en la comunicación de pareja son muy comunes y peligrosos para el buen funcionamiento de la misma. En la inmensa mayoría de los casos existe una dificultad (o se ha perdido esa facultad) de hablar el uno con el otro.

La habilidad de decir a la otra parte nuestros sentimientos y deseos es importante en cualquier relación; para que esta crezca sana, las esperanzas, sueños y hasta los problemas deben ser compartidos.

Estas pueden ser también algunas causas:

- Malos entendidos que no se han resuelto. Si no se hablan a tiempo, se acumulan.

- Comunicación superficial. No se habla de lo realmente importante para el otro o no sabemos escuchar al otro y hacerle sentir que le escuchamos.

- Poca disposición o conocimiento para arreglar los conflictos entre ambos.

Síntomas más comunes

A veces hay síntomas que nos indican falta de comunicación. Dicho de otra forma, hay señales que nos pueden indicar que la relación no está avanzando de forma adecuada:

- Una de las partes está excesivamente ocupada y no dedica tiempo de calidad a la otra.

- Ya no se hace algún tipo de actividad de forma conjunta.

- No se encuentra diversión, disfrute o placer en muchas cosas que antes sí.

- Los horarios han cambiado y no hay momentos en los que la pareja se pueda relajar y hablar, conectar o "desconectar" juntos.

- Las discusiones son constantes por tonterías y/o sin argumentos.

- Uno o los dos miembros de la pareja tienen miedo a hablar con el otro y expresar sus emociones, pensamientos o sentimientos.

Consecuencias de la falta de comunicación en las parejas

La falta de comunicación puede traer muchas consecuencias negativas y a la larga terminar con la relación de pareja. Estas son algunas de las consecuencias más comunes:

- Posible infidelidad de una de las partes.

- Faltas de respeto constantes.

- Acudir a alguien externo para sentir más confianza.

- Insatisfacción personal.

- Problemas sexuales o falta de deseo sexual.

Recuerden que en las relaciones de pareja ambas partes debemos invertirle tiempo, dinero y esfuerzo. ¿A qué me refiero con esto?

Tiempo. Es muy importante, no debemos pensar que el tiempo que dedicamos a la familia los fines de semana o en vacaciones es el mismo tiempo que se necesita dedicarle a la pareja. Sin importar qué edad tengan nuestros hijos o simplemente lo ocupados(as) que estemos, siempre debemos buscar tiempo para salir solo con nuestra pareja, desde una simple ida al cine, a cenar, una escapada de fin de semana o unas vacaciones, debemos darle y "darnos" ese tiempo solos en pareja para que nos reconectemos, hablemos de temas que no siempre tenemos la oportunidad o ganas de hablar de ello y, ¿por qué no?, hagamos cosas que normalmente nunca hacemos, con eso me refiero a TODO, incluidos los encuentros sexuales diferentes, maneras de seducirnos, besarnos, tocarnos y hacer el amor.

Dinero. Hoy en día es placentero y gratificante para ambas partes que alguno tenga la iniciativa de invitar al otro a una de estas "escapadas" que mencionamos anteriormente. Te cuento una anécdota personal, cuando una vez organicé una escapada con mi novio fuera de la ciudad, ya que estaba estresado y cansado del trabajo, yo sola coordiné y pagué todo. Solo le dije que hiciera sus maletas y que el viernes en la tarde nos iríamos fuera de la ciudad. Me encargué de "todos" los detalles: llevarme botellas de vino, velas, aceites para masajes, incienso, bocinas de viaje para la música, quesos, encurtidos, frutas exóticas, etc.

Me compré ropa interior nueva y sensual, tomé la iniciativa de hacer algunos juegos sexuales interesantes y divertidos. Siempre me comenta que ese viaje no lo olvidará jamás, que lo disfrutó más que cuando nos fuimos en familia a un crucero por el Caribe. Fue nuestro momento, nuestra intimidad, el "aquí y ahora", nadie más, solo él y yo dispuestos a disfrutar lo que se presentara en el momento. Esto lo tratamos de hacer, por lo menos, dos veces al año y nos ha funcionado de maravilla, ya que esperamos ansiosamente esta nueva escapada juntos.

Esfuerzo. Toda relación entre seres humanos conllevará a realizar muchas veces algún tipo de esfuerzo. Las que somos mamás, aunque amamos y adoramos a nuestros hijos, en muchas ocasiones hacemos grandes esfuerzos por ellos. Una relación de pareja siempre necesitará una dosis extra de esfuerzo para que las cosas funcionen, sean equilibradas, equitativas y todo fluya en paz y armonía. Lo que quiero que entiendas con este punto es que SÍ vale la pena.

Entiendo que todo debe ser recíproco y que tampoco debemos hacer cosas que definitivamente no estemos de acuerdo por alguna razón u otra; pero seamos flexibles y divertidos para que la relación de pareja no caiga en la monotonía o aburrimiento tan peligroso que constantemente vemos que sucede.

A mi parecer, todos —o casi todos— los problemas de pareja derivan de una mala comunicación.

Los problemas sexuales: por no comunicar lo que queremos, lo que necesitamos, lo que nos gusta y lo que no.

Los problemas económicos: porque no nos sentamos a hablar en tiempo y forma de lo que se estaba gastando, de los ingresos y egresos de ambos, prioridades y necesidades económicas de la familia.

Los problemas de respeto: las discusiones, los malentendidos y los desacuerdos forman parte de la relación de pareja. Sin embargo, hay muchas maneras de comunicar nuestras emociones y necesidades, así que una vez más la comunicación juega un papel primordial en nuestras vidas.

Antes de tener una buena comunicación con tu pareja, ten una buena comunicación contigo misma.

¿Por qué la importancia de saber comunicarnos?
Porque hablar es transmitir información, algo que todos podemos hacer, con mayor o menor destreza. Comunicarnos es mover una emoción en la otra persona. Es conectar con el otro desde un plano emocional más profundo, la forma en la que nos comuniquemos determinará la calidad de nuestras relaciones, por tanto, de nuestras vidas en general.

La comunicación en pareja es la clave para el bienestar de una relación, ya que hace que cada uno conozca lo significativo que es para el otro. No se debe dar por hecho nada, sino que cualquier tema —por superfluo o difícil que parezca de comunicar— se comparte con el otro abierta y respetuosamente.

Es importante fomentar también una buena actitud en la comunicación de la pareja. Cuidar el tono. Hablar desde la empatía y el cariño. Fomentar el enfrentarnos a los conflictos como un equipo: una pareja ha de sentirse siempre como un equipo unido, en el mismo lado, no como enemigos.

Para una comunicación exitosa, la escucha activa es primordial porque no es lo mismo oír que escuchar, porque escuchar es poner atención, mostrar interés, colocarse en el lugar del otro para comprenderle mejor, adoptar en todo momento una actitud positiva, tener paciencia y no interrumpir; todo esto es fundamental para entendernos y comunicarnos mejor.

Otros factores que pueden afectar la comunicación en la pareja son los años de relación, la presencia de hijos (por lo que dejamos de hablar de nosotros mismos para prestarles toda la atención a nuestra descendencia), el estrés por el trabajo, el dinero, el ritmo de vida y la falta de tiempo juntos; por estas razones es tan importante hacer una pausa y darle a la pareja y a la comunicación entre ambos un espacio esencial.

Debemos tomarnos el tiempo para hablar de todo lo que nos importa, lo que nos preocupa, lo que nos acontece en general.

La comunicación en pareja supone hablar, preguntar, responder, escuchar, discutir, asentir, negociar... Supone compartir la vida cotidiana, expresar y conocer los pensamientos, reflexiones e interpretaciones sobre cualquier cuestión que pueda plantearse en la vida de ambos.

Las emociones más importantes en una relación de pareja son los sentimientos de aprecio mutuo. Te valoro y me valoras, te haces de querer y sé que me quieres, de consuelo, gozo y alegría; a pesar de las dificultades del día a día, estamos encantados de compartir nuestras vidas. Compartimos alegrías y tristezas, placer y dolor, incertidumbre y desasosiego. Somos emocionalmente uno, sin dejar de ser cada uno, con nuestros espacios personales para dedicarlos a lo demás.

En el sexo, como en todos los temas difíciles, debemos tener cuidado con ser inflexibles ante las expectativas y los cambios, ya que son inevitables. Hablar de lo que se desea, ponerse en el lugar del otro y volver a buscar soluciones conjuntamente son la mejor manera de mantenerse conectados física y emocionalmente.

La comunicación en pareja es el éxito de una relación. El gran reto de la vida es la buena comunicación, potenciarla unidos consolida un buen vínculo emocional, generando bienestar y emociones positivas en la pareja, en la familia y en nuestra vida.

Finalmente, es importante mencionar que cuando se sienta o piense que ya no se puede resolver algún conflicto o tema importante en la pareja, vale la pena buscar ayuda profesional. Hoy en día existen muchísimas herramientas y personas sumamente profesionales y capacitadas para ayudar a las parejas a resolver sus conflictos.

No te des por vencida(o) y siempre busca otra opción para resolver tus problemas, el no haberlos solucionado hace que se acumulen rabias, orgullo y resentimiento, llevando a que la comunicación se debilite; en estos casos, como mencioné anteriormente, es conveniente la terapia de pareja.

"La construcción de una comunicación efectiva y asertiva con tu pareja es parte fundamental de las bases de una pareja ideal, compatible y armoniosa. Es esencial desde los modelos de aprendizaje reflexivos para el abordaje del tema de la buena comunicación y buscar establecer una mejor interacción.

A través de una reflexión orientada a comprender qué se entiende por comunicación en la pareja, cuáles son las habilidades comunicativas, qué es asertividad y los estilos de comunicación. Todo esto con el fin de dar un valor y un aporte sustancial a la superación de los conflictos conyugales que siempre ocurrirán".

Para finalizar este capítulo, ocho consejos para ser más asertivo en la comunicación en pareja:

1. Realizar muestras de afecto y expresar aprecio por las cualidades de tu pareja.

2. Aceptar demostraciones de afecto y cumplidos que te haga. Si se desprecian, se puede condicionar a la pareja a que en un futuro no los vuelva a hacer.

3. Decir NO con libertad, sin sentirse culpable o egoísta por rechazar peticiones. Es importante actuar en consecuencia a tus pensamientos.

4. Expresar tus emociones, el cómo te sientes o lo que estás pensando, ya sea positivo o negativo, teniendo en cuenta el respeto hacia el otro.

5. Preguntar en vez de acusar o suponer.

6. Comentar lo que la pareja hace sin juzgarla.

7. Evitar generalizar con palabras como *siempre* o *nunca*.

8. Utilizar términos asertivos durante las conversaciones: hagamos, qué opinas, qué te parece, cómo podemos resolver; esto ayudará a crear un clima más agradable.

Mantener una comunicación asertiva no les garantiza la ausencia de discusiones o problemas, pero les facilita una comprensión y un respeto mutuo.

El sexo forma parte de la naturaleza.
Y yo me llevo de maravilla con la naturaleza.
El hombre tiene que estimular el ánimo y el
espíritu de la mujer para hacer el sexo estimulante.

Marilyn Monroe

Bec Lacroix

CAPÍTULO 6

El sexo y la sociedad

Dos tabúes femeninos: Sexo y Menopausia.

Quitando estigmas para conectar con el gozo.

M e causó gran entusiasmo cuando Adriana me invitó a participar en este libro, sobre todo porque la propuesta tenía que ver con hablar de dos de los temas tabúes que inciden en casi todas las mujeres, que son la menopausia y el sexo.

Hablar sobre menopausia para mi resulta fácil, pues mediante la experiencia personal y el conocimiento sobre los astros y las leyes de la naturaleza, he entendido, y sobre todo vivido esta transición como una de las mejores épocas de mi vida, sin embargo, a veces es difícil encontrar eco en esta visión, pues la palabra menopausia suele resonar en la mente como un sinónimo de pérdida, olvido, desgaste o final. Es a partir de esta idea completamente errónea, que nace en mí el impulso desde el alma de reconectar con el verdadero significado de esta etapa en la vida femenina, que ha sido menospreciado sobre todo por la falta del entendimiento, a un nivel casi invisible, de lo que realmente engendra el entrar en esta transición obligada para todas las que nacimos en el cuerpo de mujer, sin importar raza, idiosincrasia o preferencia sexual.

Por otro lado, el tema del sexo esconde también un significado profundo y hermoso que ha sido banalizado por modelos de pensamiento, usos o costumbres, que vienen de una sociedad cada vez menos conectada con el verdadero sentido de la existencia humana, que es encontrarnos a nosotros mismos, en nuestra perfección, mediante todas las experiencias que nos ofrece la aventura de estar vivos, entre ellas, una de las más importantes diría yo, el sexo.

Por todas estas reflexiones es que hablar del tema que me toca desarrollar aquí me emociona, pues estaré muy contenta con lograr que cuando menos una de nosotras, "mujeres en menopausia" hagamos de este par de palabras tabúes "sexo y menopausia" uno de nuestros mejores cómplices y ayudantes para conectar con nuestra verdadera vocación, que es el gozo de ser mujer; y con ello coadyuvar, desde un alma femenina radiante, a la materialización de un mundo equilibrado en el que la armonía comience a apaciguar la vorágine en la que estamos inmersos en la actualidad.

Hace ya muchos años trabajo en consulta y en el aula con mujeres de diferentes edades, en la medida que ha ido pasando el tiempo, la vida me ha acercado a múltiples historias, que al final resuenan, tanto en lo luminoso como en lo obscuro, desde una misma voz, todas hemos sido, o seremos emisoras y receptoras de las mismas virtudes y de los mismos señalamientos o retos.

Las mujeres somos seres complejos y por naturaleza caóticos, espero que no se me malentienda, pues estos adjetivos nada tienen que ver con estigmatizarnos desde una percepción negativa, todo lo contrario, el caos es el origen del orden, el caos todo lo contiene, lo abraza, lo acuna y lo acepta; estos son atributos de la energía femenina que todos los seres humanos tenemos, pero las mujeres en mayor cantidad, por el simple hecho de haber encarnado en un cuerpo con la particularidad, y esencial diferencia del cuerpo de un hombre, de tener una vagina que llena de energía femenina recibe, abraza, acuna y acepta para manifestar vida o placer... Me encanta describirlo de una forma muy coloquial: las mujeres traemos de nacimiento en los órganos sexuales la máquina femenina, y esta máquina hace que el aroma de esta energía llegue, en mayor o menor medida a todas nuestras células, pensamientos, ilusiones, emociones y actos. Cuento todo esto, para que a medida que lees mis palabras vayas dejándolas caer en tu alma y seguramente algo comenzará a cambiar o a reforzarse en la idea y percepción que tienes de ser mujer, de tener cuerpo de mujer, de tener mirada y sonrisa de mujer.

Entrando a través de este puente al tema, veamos ahora que la menopausia es un momento exclusivamente de quienes nacieron con la "máquina femenina", pues deriva del fin de la menstruación, un proceso que sucede solamente a quienes tenemos matriz o útero. Con esto entendemos que la fuerza con la que el sexo y la menopausia se toman de las manos, desafortunadamente como tabúes, es más intensa que la relación del sexo con otros temas.

La menopausia ha sido entendida hasta este momento simplemente como el final de la menstruación, viéndola exclusivamente como una etapa en el proceso fisiológico del cuerpo, en el que se deja de crear el ambiente necesario para ser una mujer fértil y procrear. Como un mensaje silencioso, esta perspectiva tan vaga crea en nuestro inconsciente la idea de que los órganos sexuales (que no reproductivos como son llamados generalmente), han caducado, pues ya no sirven para aquello que fueron diseñados: tener bebés.

A pesar del gran avance y apertura que hemos logrado dentro de la sociedad en temas antes escondidos, hay una tendencia a seguir desatendiendo la otra función de estos órganos, que sin duda es la puerta para conectar con el gozo y la alegría a todos los niveles: físico, emocional, mental y espiritual. Este tema es el sexo, y estoy convencida, como muchos otros, que la razón de este tabú tiene que ver con el tremendo poder arquetípico que engendra la sexualidad en sí misma.

El sexo, entendido como la unión de dos cuerpos o el contacto con uno mismo a través del placer físico, representa desde lo simbólico un espacio en el que mediante movimientos que nos generan deleite, podemos llegar a un estado máximo de euforia o excitación, que culmina en un estallido que nos hace disolvernos a nosotros mismos, reintegrándonos por un instante a todo el universo. Insisto, desde el punto de vista arquetípico, este estallido es un rito de vuelta a la fuente única, al estado primigenio de perfección, y estos acercamientos nos ayudan a recordar quienes somos, de dónde venimos y hacia dónde vamos; en otras palabras, viviendo un momento sexual en consciencia y plenitud "recargamos" y purificamos el alma.

Para poder llegar a experimentar lo que acabo de mencionar, es necesario estar más en ti misma, haber surcado múltiples caminos de los que has abonado experiencia y aprendizaje, y sentirte libre de ataduras que antes regían tu camino. Todo esto te lo da solamente el tiempo, y sin duda el llegar a la menopausia es una garantía de que ya has tenido acceso a muchos vaivenes que te han llenado el alma de conocimiento que puede ya ser, o puedes convertir en sabiduría. Empezar la segunda mitad de la vida, por naturaleza te acerca al Espíritu, con lo que estás preparada para hacer de la experiencia sexual una que te lleve al estado extático que te genere un inmenso placer, te purifique y te renueve.

Todo lo aquí dicho es muy bonito ¿verdad?, sin embargo, desafortunadamente existen grandes dificultades que están sembradas en nuestro pensamiento, pero que definitivamente no son insalvables, y entenderlas e integrarlas poco a poco a tu vida pueden hacer de este momento, la menopausia, uno en el que puedas experimentar tu sexualidad como nunca lo habías hecho, abriéndote a ello por fin, o bien, enriqueciendo de manera invaluable con este elemento mágico toda tu existencia.

Como ya lo mencioné, uno de los primeros estigmas que enfrentamos es la creencia de que los órganos sexuales y todo lo que tiene que ver con el entramado de esta compleja máquina está mayormente asociado con la procreación. Afortunadamente, los tiempos han cambiado mucho, y poco a poco se va abriendo espacio a la igualmente importante función de sentir gozo que se manifiesta incluso antes de la de procrear, y perdura mucho tiempo después de que la fertilidad termine. ¿Habías reflexionado alguna vez sobre esto? Naturalmente, el útero puede crear y dar vida aproximadamente 40 años; y la capacidad de generar sensaciones asombrosamente plácidas para el cuerpo se prolonga literalmente desde nuestra primera inhalación hasta el último suspiro; así es que sí, esa sagrada zona de tu cuerpo te fue otorgada en gran medida para ser una conexión con el disfrute y el placer; eres, desde que naciste, legítima dueña de la capacidad de darte regocijo.

El que los genitales "dejen de funcionar" en cuanto a la divina potestad de procrear, no los afecta ni inhabilita para mantener la de disfrutar a través de ellos. Existe una frase popular que no puedo omitir, pues es clarísima con respecto a lo que te estoy transmitiendo: "se cierra la fábrica de hacer bebés, y se abre el parque de diversiones".

Me parece fundamental pedirte que al leer estas líneas no pienses que nuestra vagina es la fuente única al gozo o al disfrute, pero si puedo asegurar que es la más importante puerta a este mundo al que todos anhelamos contactar, un lugar para "bien estar", sentirnos libres, felices, en armonía y éxtasis.

Comenzar a sembrar la certeza en nosotras de que dejar de menstruar no nos hace menos mujeres, es un gran inicio, sin embargo, nos lleva a otro tema, mucho más profundo que tiene que ver con nuestra idea sobre el placer.

Normalmente, durante la primera mitad de la vida, lo que hacemos es vivir en ascenso recreándonos según las personas, las circunstancias y todos los elementos exteriores con los que vamos interactuando. Somos guerreras, madres, puntos de encuentro y desencuentro, y creadoras de sistemas que gravitan y funcionan en torno a nosotras.

Esta experiencia es en verdad intensa, adictiva, e inspiradora, pues las grandes satisfacciones a las que nos puede llevar este ritmo son muy agradables. Este trecho de la existencia está animado por la competencia y muchas veces por el deseo de lograr modelos o esquemas que observamos y anhelamos del exterior; algunas más y otras menos vamos "creciendo" al son que nos marca la vida, percibiendo en ocasiones la voz interior, pero más movidas por factores externos que internos. Esto no tiene nada de malo, es el ritmo normal de la naturaleza; una planta se adapta y aprovecha todos los factores externos para llegar a su punto máximo cuando el fruto está maduro, y una vez que este llegó a su culminación, inicia su regeneración llevando toda su energía hacia dentro para nutrirse a sí misma y poder volver a florecer.

Te cuento este proceso, para que entiendas que, al llegar a la menopausia marcando el inicio de la segunda mitad de nuestra vida, el ritmo frenético y la atención hacia el afuera disminuyen de manera natural. Casi todas ponemos carita triste o se nos apachurra el corazón al leer esto, pero todo depende del cristal con el que lo mires.

Conectando lo anterior con el tema del placer, resulta que, en la mayoría de los casos, si ponemos mucha atención, nos damos cuenta de que nuestra percepción de él puede ser equivocada, o ni siquiera existir. Al hacer una retrospectiva de lo que ha sido el placer en tu vida, puedes ser de las afortunadas que lo tienen claro y han tenido una vida repleta de disfrute, si yo no digo que todas hemos tenido una vida desgraciada... a lo que me refiero es a verificar si eso (ya sea poco o mucho) que hasta ahora te daba placer sigue siendo igual.

En la mitad de la vida, las cosas del afuera comienzan a cambiar, y nuestros referentes de gozo en ocasiones parecen disolverse ante nuestros propios ojos. Te daré algunos ejemplos para que reflexiones sobre tu caso personal.

Si lo que me daba placer era ser tomada en cuenta como mamá, resulta que mis hijos al estar madurando y convirtiéndose en adultos ya no preguntan mi opinión con respecto a sus decisiones; el placer se disuelve. Si lo que me daba placer tenía que ver con ser la estratega o ejecutora de importantes proyectos en mi trabajo, en el que recibía grandes reconocimientos, posiblemente hay nuevos talentos y puedo pasar a ser un respetable referente honorífico, pero las palmas son para otros; el placer se disuelve. Si lo que me daba placer era recibir aprobación o beneplácito de mi pareja, y por una u otra razón ya no sucede; el placer se disuelve.

Y aquí es donde hay que aplicar uno de los mayores poderes que nos regala esta etapa de la vida; en la menopausia tienes el tiempo y el ritmo adecuado para reconectar hacia adentro, pues todo ha ido cambiando y el mundo parece reclamarte menos.

Hay que aprovechar este cambio de energía para redefinir lo que te hace vibrar completa, desde lo físico hasta lo más alto que es el espíritu. La única dueña de ello eres tú, pasas a ser la prioridad en tu lista de pendientes, y reconocerte y reinventarte es el más grande regalo que te puedes hacer para seguir el camino.

Para encontrar el placer en el sexo, primero tenemos que saber a la perfección qué es el placer para nosotras mismas, sin comparaciones, sin expectativas, sin prejuicios. En un retiro de los que organizo para resignificar la menopausia, una mujer de 50 años que estaba de entrada contenta y satisfecha con la primera mitad de su vida, pues había conseguido grandes satisfacciones en ella, después de llevar ya varias horas de trabajo, y de escuchar lo complejo del proceso de la menopausia, pero fácil de desenredar con todo lo que les contaba, tomó la palabra y dijo "me acabo de dar cuenta que no sé qué es lo que me gusta a mí, sé lo que le gusta a los demás, y me complace dárselos y que sean felices, pero no recuerdo qué me gusta a mi..."

La menopausia es un momento increíble para retomar tu poder sobre ti misma, apapacharte, liberarte y reconocer qué es lo que te gusta a TI, a partir del momento en el que lo sepas, la luz para ir ahondando estará prendida y será cada vez más fácil encontrar en la sexualidad placeres insospechados.

Otro de los factores a tomar en cuenta para vivir una sexualidad plena en esta etapa, es aceptar que estás en ella, que has cambiado por dentro y por fuera, y que el placer no tiene que ver con las apariencias o comparaciones con cualquiera otra que no seas tú, en este momento. Es imprescindible conectar con tu cuerpo, amarlo y darle lo que necesita para sentirte bien.

Aquí no quiero caer en consejos que generalicen, todas somos diferentes, y cada una tenemos personalidades definidas que nos conducen a lo que queremos; si no te importa la grasita de más está bien, si prefieres un cuerpo tonificado está bien, si te gusta la melena corta es tan perfecto como si te gusta larga, lo importante es que te ames y te aceptes como eres: una mujer madura que tiene la capacidad de ser la que quiere ser; lleva ahí tus acciones, a aceptarte y amarte, en lugar de quedarte en la queja o la depresión. Esto requiere fuerza y decisión, recuerda que el poder es tuyo.

Como ha quedado claro, el llegar a la segunda mitad de la vida naturalmente te permite liberarte, cuando he hablado de purificación me refiero a reasumir este derecho de ser libre, de tener la voluntad y la disposición de tomar lo que necesitas y soltar lo que ya no te corresponde. Haciendo uso de esta capacidad es que puedes empezar a explorar en el tema de la sexualidad. Le pregunté a un hombre de cincuenta y tantos años con amplia experiencia en las artes amatorias ¿qué le recomendarías a una mujer de tu edad para vivir una vida sexual espectacular?, su respuesta fue muy sencilla: ¡que haga lo que se le dé la gana!

Si aprovechamos la menopausia como un momento de borrar referentes que no son nuestros, y a través de una profunda conexión con nosotras mismas y gran paciencia y cuidado liberamos todos los lastres que por una u otra razón (eso no importa) nos alejaron de nuestra verdadera esencia, ese lugar en el que vibra tu aroma primigenio, la energía que se libera es grandiosa y lo mejor, está llena de ti. Tus pensamientos son tuyos, tus emociones provienen exclusivamente de ti, no de lo que te dicen; las sensaciones de tu cuerpo son evidentes, aprovéchalo para vivir una sexualidad libre, madura y consciente.

Lo más importante es que te ames como eres, que tu voluntad te lleve a sentirte merecedora de experimentar gran placer; has de apartar tu foco de atención de las apariencias, y conectar con las sensaciones y las emociones gozosas y armónicas que tienes derecho a vivir; ellas alimentan tu espíritu, lo hacen radiar, te puedes convertir en una mujer que constantemente resplandece.

Atrévete, con este desenfado que nos regala la edad, a experimentar todo lo que se te antoje, literalmente, todo. Así como sentimos más evidentemente los dolores o molestias en el cuerpo, he observado que nuestro sistema nervioso también engrandece los gestos de placer que recibe. Por ejemplo, una caricia, si llevas a ella toda tu atención, se vuelve más profunda e intensa, permitir que la caricia (sea de tus manos, o de las de alguien más) tome vida en sí misma y se derrame sobre tu cuerpo, es abrirte al gozo, cosa que el cuerpo y el alma sin duda agradecen.

Ejercita tu voluntad y disposición, tienes que estar abierta a experiencias más profundas o tal vez incluso a algunas que no conoces. Si tu vida sexual hasta este momento ha sido de alguna forma simple, infórmate, hablar con amigas o especialistas que han experimentado más que tú ayuda mucho. El ser una mujer madura te regala un super poder, el de poder arriesgar, pues ya has ganado y perdido mucho en lo que hasta ahora has vivido; con lo que hoy, hay menos en juego y la promesa de encontrar disfrute ha de ser aprovechada siempre que se presente.

Hablando de este tema, es fundamental que recuerdes que el poder reside en ti. Si decides dar una oportunidad a este mundo de deleite del que te hablo, tienes que propiciar, en ti y para ti, las condiciones necesarias para dar un toque sexy a tu vida. Sentada sin hacer nada al respecto, poco puedes lograr, ahora tenemos que administrar muy bien nuestra energía, pues es más profunda pero menos abundante. Delinea esta vida sexual que quieres para ti, y ponte manos a la obra.

Si tienes una pareja, y su conexión está viva, comuníquense y abran espacio para experimentar de una forma diferente, todo se vale. Tal vez miles de "peros" surjan en ti, pero insisto, ¿qué tienes que perder? Si tu deseo es renovar tu vida sexual, propícialo. Libérate del miedo y exponlo en un ambiente íntimo y amoroso, pide colaboración, ofrece disposición y voluntad, refuerza un espacio de confianza y respeto.

Si no tienes pareja, busca una que te ayude a explorar estos nuevos horizontes; eres una mujer madura que ha dejado de poner etiquetas quizá inalcanzables, como esa de encontrar al perfecto complemento en todos los aspectos de tu vida para compartir la vida en pareja. Tu vida es tuya, y si lo que quieres es vivir una experiencia sexual que te llene de gozo con otro, busca eso exclusivamente sin distraerte en otras cosas que tal vez surjan en el camino, y otra vez te lo sugiero… atrévete.

La sexualidad en la madurez también puede vivirse en solitario, y es de hecho muy importante que conectes primero contigo para que (volviendo a la conexión con el placer) sepas qué te gusta y qué no. Empieza reconectando, de una manera consciente, atenta y privilegiada, con tu cuerpo, con tus olores, con tus fluidos. Reconócete milímetro por milímetro, toma nota de lo que te hace desde sentir bonito, hasta lo que te hace vibrar, lo que te hace estallar.

Saber en solitario qué te lleva al orgasmo, o incluso a sentir uno por primera vez (aunque suene extraño, hay mujeres en la menopausia que no lo han vivido en realidad) te permitirá repetir la experiencia o guiar a otro para que te ayude a alcanzarla. Tocar el placer de uno de sus puntos máximos de expresión, el orgasmo, que te lleve a un ataque de risa o a una explosión de llanto amoroso y de agradecimiento es todo un evento que te mereces, y no sería justo que te lo pierdas en esta vida.

No podemos olvidar otro tema que nos hace preconcebir y establecer la "idea" de que cuando llegamos a la menopausia lo normal es que también se termina nuestra vida sexual, ya te lo digo, si decides entender la menopausia como algo más que el fin de tu etapa fértil, querida mía, estás a punto de dar un giro completamente inesperado a tu devenir.

El tema al que me refiero es que, en la menopausia, la química del cuerpo sufre ajustes muy importantes. Hormonas suben y bajan, y esto sucede sobre todo con las que principalmente colaboraban en el correcto funcionamiento del ciclo menstrual y del proceso de gestación, sus nombres son estrógenos y progesterona. Si estas hormonas mayormente se consumían en las labores para la procreación, es normal que, si ya no somos fértiles, el cuerpo las produzca en menor cantidad. Al final habrá suficientes para seguir disfrutando en la vida sexual; sin embargo, en el proceso, es tan tremendo el caos que el cuerpo (y todo el mundo interno también) experimenta, que muchas mujeres tienen ajustes que dificultan conectar con una sexualidad gozosa, como lo es la falta de lubricación, el aumento de infecciones vaginales, la falta de sensibilidad en la zona púbica o, al contrario, experiencias sexuales dolorosas.

Para todo ello existen soluciones, desde lubricantes, hasta plantas que son muy eficaces para que estas molestias físicas (que son completamente transitorias, pues pasarán una vez que tu cuerpo haya encontrado el nuevo equilibrio con la nueva cuota de hormonas), no te distraigan de la puerta de disfrute que te abre la menopausia en términos de todo lo que te he contado. Hay miles de opciones, yo en lo personal te recomiendo las naturales (en mi trabajo he desarrollado un sistema de cuatro tinturas espagíricas de plantas que son tremendamente eficaces), y como tip… el mejor lubricante son suaves y lentas caricias en tu zona genital, o en aquellas que sabes que son las más erógenas para ti.

Muchísimas mujeres a las que he acompañado en esta etapa mencionan que han perdido completamente la libido. Desde mi experiencia, esto puede explicarse y atenderse desde diferentes aristas. Una de las que creo que está sobre valorada, es atribuirlo a la baja de estrógenos, que inciden en la química del cuerpo para despertar el deseo, no soy médico, pero con especialistas con los que me he asesorado, aseguran que este desajuste temporal, al presentar tantos cambios en el cuerpo femenino, sí es un factor que disminuye la libido. Hago hincapié en el término temporal, pues esto evidencia que una vez reorganizada nuestra química hormonal la libido será reacomodada. De cualquier forma, las mujeres tenemos como don el poder llegar a la excitación sexual a través de otros medios como lo son la mente o las emociones que no tienen que ver de primera mano con los sentidos. Propicia las condiciones necesarias para despertar en ti el deseo. Busca espacios íntimos, crea ambientes que a ti te hagan sentir deseo, abre tu mente a internarte en este espacio… si no está a la mano, y no haces algo por buscarlo, es un hecho que nunca llegará.

Otra causa a la que personalmente atribuyo la falta de libido es la falta de conexión contigo misma y la necesidad natural de encontrar un espacio solitario para reencontrarte.

probablemente antes de dar un nuevo giro a tu vida sexual, es necesario que te des a ti misma un tiempo de introspección, de girar la mirada hacia dentro para hacer una revisión de quién eres, de qué hay ahí tras cuarenta y tantos años de caminar por la vida.

Ya dijimos que es imprescindible saber qué nos gusta y qué no, tal vez sea necesario darte este espacio para hacer lo que ya comentamos, recordar quién eres y qué quieres, qué necesitas y qué ya no, aceptarte como eres, perdonar, cerrar ciclos y agradecer, liberar y liberarte.

La falta de libido o deseo de tener una vida sexual activa puede ser uno de estos ajustes en los que sabiamente, como una osa que tiene que hibernar, tu alma retira la atención de todo aquello que no tenga que ver con la conexión con tu ser más profundo, con tu esencia.

Si este es tu caso, lo más sabio es que en lugar de creer que estás deprimida y caer en un estado de marasmo y pesimismo, aproveches este aroma de soledad y aislamiento para disolver todo lo que ya no es, y a partir de ahí tener tierra nueva y nutrida para sembrar la semilla de esta mujer que se conoce a sí misma, no tiene miedo, no tiene ataduras y no tiene tiempo que perder.

Después de este retiro, si como la crisálida te atiendes en un lento proceso de gestación, lo más seguro es que renazcas con una clara idea de quién quieres ser, y con el deseo de renovarte a todos los niveles, con las nuevas condiciones, incluso en cuanto a la forma de vivir ahora tu sexualidad que te aseguro puede hacerte vibrar a niveles no conocidos.

Por otro lado, derivado de la mala fama de la menopausia, considerada la entrada a la decrepitud, he observado que muchas veces se generan falsas expectativas de vivir una sexualidad loca como la que vivíamos a los 20 o 30 años, en una ilusión de con ello detener o regresar el tiempo. Cuando hablo de que estamos en una etapa maravillosa para resignificar nuestra vida sexual es precisamente eso, y lo primero que hay que llevar a cabo es la aceptación de que somos diferentes, de que la vida nos ha llenado de marcas y señales en el cuerpo y en el alma, y lo que fue hace 25 años no es ya ni por asomo.

No somos mejores ni peores, somos diferentes y pretender vivir una sexualidad desenfrenada, ardiente a nivel sensorial (de los sentidos) y prolongada en una serie de multiorgasmias tipo película, es una fantasía que no sólo nos llevaría al desgaste físico y emocional, sino que también posiblemente genere desilusión pues lo que hay no es lo que pretendemos. En lugar de deprimirnos por ello, hay que usar la resiliencia; sí está bien, hay muchas cosas que ya no son como antes, pero también hay cosas nuevas o perfeccionadas que puedes integrar a tu vida sexual.

Puedes ponerte esa ropa íntima sexy que antes no te atrevías pues cada vez te importa menos lo que opinen los demás, puedes ser clara en lo que te gusta hacer o que te hagan sin tapujos pues eres dueña de ti y de tu placer, puedes hacer de cada encuentro un ritual de renovación de tu energía y de la de tu acompañante, ahora cuentas con mayor tiempo y también con espacios tuyos (si no los tienes, ya sabes cómo conseguirlos), aprendiste a decir que sí y a decir que no, cada vez hay menos pretextos exteriores que te alejen de la intimidad sexual, eres una mujer madura, completa y repleta del poder femenino acumulado a través de los años; en fin, ahora tienes muchísimos elementos y herramientas que te ha dado la experiencia, y sería una necedad no aprovecharlas por estar suspirando por aquella que fuiste. Eso ya pasó y es lindo recordarlo, pero la vida es hoy hermana, y puedes ser una mujer madura en gozo.

El último factor al que me referiré en esta ocasión para la ausencia de libido, que creo que no es exclusiva de la menopausia, es uno del que he hablado durante todo el tiempo entre líneas, y es la falta de autoestima. No me extenderé mucho en este punto, pues es ampliamente conocido, pero la ecuación es fácil. Si no me acepto y me amo como soy, si no me "estimo", la consecuencia es que no me considero merecedora de sentir gozo ni de disfrutar.

Desde la sombra, esta falta de auto reconocimiento y valoración nos juega continuamente trastadas, formando un círculo vicioso que parte de una falsa idea de que no soy perfecta, y de manera inconsciente me castigo negándome el placer y la oportunidad de hacer cambios en mí que me lleven a enamorarme de esa mujer que, cuando me atrevo, veo en el espejo.

Te tengo una noticia, eres perfecta y en la medida que lleves tu atención a reconocer esa perfección, aún con imperfecciones como ciertos atributos de tu personalidad o de tu cuerpo que no son del todo luminosos ante tus ojos, eres el resultado de eones de sabiduría encarnados en el cuerpo de esta mujer única y autónoma, madura y experimentada, que tiene todo el derecho a regocijarse en sí misma y en otro ser que elija, tenga la edad que tenga.

La menopausia es un rito de paso a la edad madura, y madurez es sabiduría, plenitud, paz, regocijo, calma… todos ellos atributos que, llevados al mundo de la sexualidad, la convierten en una puerta de placer y de renovación constante, incluso a un ritual que como ya he explicado, renueva el espíritu.

Para terminar, me atrevo a asegurarte que, si integras a tu vida con libertad, voluntad y valentía todo lo aquí dicho, el sexo y la menopausia te ayudarán a trascender como una mujer radiante y dueña de sí misma conectada con todos los seres y con todas las almas. Que la fuerza de la Diosa esté siempre en ti.

Las mujeres latinas están muy cómodas con
sus cuerpos y su sexualidad.
No tenemos miedo de mostrar eso y un poco más.

Sofía Vergara

sexo y educacón

CAPÍTULO 7

El sexo y la educación

Como madre de tres hijos, quienes, a nuestro parecer, crecieron de la manera más saludable y protegidos no solamente por sus padres sino por la información que poseían respecto a su sexualidad y los peligros que les rodeaban, puedo asegurar que hicimos una buena tarea.

Cuando la mayor de nuestras hijas ingresó al jardín de infantes, nos dimos cuenta de que habría varias horas diarias durante las cuales, no podría estar cerca para protegerla.

Fue justamente en esa misma época, que a mi esposo y a mí, nos ofrecieron la oportunidad de estudiar en Escuela para Padres, un maravilloso curso.

Sexualidad infantil para adolescentes y adultos. Así que, le dedicamos cerca de tres años a dichos estudios, este uno de los más valiosos y útiles en mi vida.

Fue gracias a esta preparación, que, durante los años de primaria y secundaria de nuestros hijos, observamos con claridad las carencias en nuestro sistema educativo, acerca de estos temas.

Es un tema de vital importancia, pues como lo comprobé personalmente, la falta de información, y también el exceso de desinformación que los jóvenes reciben a través de las redes, los lleva a cometer y/o permitir errores que ya no deberían suceder en nuestra sociedad "evolucionada", tales como embarazos adolescentes, enfermedades de transmisión sexual, violaciones, abusos, entre muchos otros.

Gracias a estas charlas que tuvimos mi esposo y yo con nuestros hijos desde temprana edad, y a nuestra preparación para estar alertas a lo que pudiera acontecer, nuestros hijos esperaron por voluntad propia, la madurez antes de vivir su primera experiencia sexual. Y la vivieron como un momento feliz, y con las prevenciones necesarias.

Ahora, pasemos a los datos crudos.

Salud sexual

Falta de información en casa y escuela. Carencia de educación parental (escuela para padres, información veraz disponible).

Métodos de prevención.

Alteración del orden de los estados en las relaciones amorosas de pareja.

La salud sexual, es un estado de bienestar físico, mental y social en relación con la sexualidad. Requiere un enfoque positivo y respetuoso de nuestra sexualidad y de las relaciones sexuales, así como la posibilidad de tener experiencia placenteras y seguras, libres de toda coacción, discriminación y violencia.

Este estado óptimo, se conforma con los siguientes factores:

Biológico. Se refiere a la madurez anatómica del cuerpo de hombres y mujeres, para ser capaces de tener una vida sexual plena.

Cognitivo y psicológico. Se refiere a la autoestima, así como el conocimiento correcto y completo del tema.

Social. El momento en que la persona inicia la práctica de su actividad sexual, en qué circunstancia lo hace; e inclusive algunas conductas o hábitos propios de cada cultura.

Los factores que marcarán la capacidad de tener relaciones sexuales satisfactorias y el poder disfrutarlas, está muy relacionado con la edad en que se comienza. No es lo mismo para un adolescente que para un adulto mayor.

Si hay un inicio prematuro de la vida sexual, puede presentarse dispareunia (dolor durante la penetración), esto por falta de elasticidad o lubricación adecuada, y todo esto relacionado con la adecuada producción de estrógenos.

Otros factores determinantes, son los sociales y psicológicos, como el miedo al embarazo, a las infecciones de transmisión sexual y la angustia de no poder platicar estos temas con sus seres cercanos de confianza o con un médico.

La lista de posibles enfermedades de transmisión sexual, es larga: vulvovaginitis, candidiasis urogenital, tricomoniasis, VIH, y el herpes genital, por mencionar las más frecuentes. La OMS señala que el virus de Papiloma Humano es la infección de transmisión sexual más frecuente en el mundo.

Por todo esto, es de suma importancia mejorar la educación de padres e hijos, incluyendo la información correcta y fácil de entender: campañas de auto cuidado, postergar el inicio de la vida sexual y motivar los proyectos de vida de los jóvenes.

México posee el nada envidiable primer lugar a nivel mundial, en embarazos adolescentes.

Según datos de la INEGI, 17 de cada 100 embarazos en México son de adolescentes menores de 20 años. Ésta es una problemática que se acentúa en los estados de Guerrero, Chihuahua y Coahuila.

Otros estados con una tasa ligeramente menor, pero muy cercana, son: Ciudad de México, Baja California Sur y Querétaro.

Los costos socio económicos del embarazo adolescente y la maternidad temprana, comienzan con un logro educativo menos al esperado, mientras que las mujeres que fueron madres en edad adulta tienen mayores niveles de escolaridad superior.

Y, en el campo laboral, las madres jóvenes con hijos perciben ingresos inferiores, pues aportan al centro laboral 31.6 % menos beneficios que una mujer que no ha dado a luz.

En nuestro país, un 23 % de los adolescentes, hombres y mujeres, inician su vida sexual entre los 12 y 19 años. La edad promedio es entre los 14 y 15 años.

Para colmo, se observa la tendencia a nivel mundial, de experimentar en este campo a más temprana edad. Esto tiene mucho que ver con la influencia de las redes sociales, así como de los programas y películas a los cuales es tan fácil acceder sin supervisión ni el consejo de un adulto, adecuadamente preparado para hablar de estos temas con los adolescentes.

Tanto en las mencionadas redes sociales, como en películas y series, hay una cantidad importante de información falsa (desinformación). Sumemos a esto, el que la educación que los jóvenes reciben en colegios o a través de sus seres cercanos, tampoco es necesariamente completa o adecuada.

Entre los jóvenes que ya han iniciado su vida sexual, la mayoría conoce al menos un método anticonceptivo (97%). Sin embargo, más de la mitad no utilizó ningún método de prevención en su primera relación sexual.

En los embarazos adolescentes, existe una mayor probabilidad de desarrollar enfermedades de alto riesgo para la vida, tales como preeclamsia, parto prematuro, diabetes gestacional, y más.

Para iniciar la vida sexual, debemos tener madurez anatómica, emocional y psicosocial. El momento ideal, en el que se conjuntan todos estos elementos es después de los 18 años, preferiblemente hasta los 21.

Debemos adecuar la salud sexual, de manera que esta información se encuentre al alcance y entendimiento de todos.

Desde la etapa preescolar, y escolar, es vital llamar a las partes del cuerpo por su nombre y saber responder las preguntas de la manera más sencilla y clara posible.

Las religiones y los convencionalismos sociales aún tienen un fuerte impacto en la sexualidad humana, ya que es vista como un tabú o algo prohibido, malo y/o pecaminoso.

Estas creencias, provocan que los padres no se atrevan a hablar de ello a sus hijos, ni siquiera ellos mismos saben a dónde acudir para obtener la información completa y adecuada, con respecto a la planificación familiar.

Identidad de género, orientación sexual y preferencias sexuales

Ha quedado de lado la creencia de que el sexo biológico de una persona (pene o vagina) son determinantes para que esa persona sea femenina o masculina, y que su orientación sexual sea hacia el sexo opuesto.

Claro que estos cuatro aspectos sexuales están relacionados entre sí, pero se refieren a subtemas muy distintos, y ninguno circunscribe al resto.

Pasemos a las definiciones de cada uno.

Sexo biológico. Es con el cual nacemos, esto es un pene, una vagina o Inter sexo, esto significa que la cantidad de hormonas y el aspecto físico no están plenamente definidos hacia un lado u otro. Todos nacemos con un sexo biológico, el cual determina nuestras funciones fisiológicas y nuestro papel en las funciones reproductivas.

Identidad de género. Es la forma en que cada individuo, desde su percepción interna y personal, se describe e identifica. Puede ser autodefinido como mujer, hombre o genderqueer. Esta última se refiere a que la persona se identifica con ambos géneros en la misma medida, o bien se inclina hacia algún lado.

Expresión de género. Todos tenemos una forma de expresar nuestra identidad a través de nuestra ropa, gestos, maneras de conducirnos con los demás. La expresión de género puede ser masculina, femenina o andrógina.

Orientación sexual. Este subtema se refiere a las personas hacia las cuales uno se siente atraído, no solamente en el plano sexual, sino también en el emocional. El sujeto entonces puede ser heterosexual, homosexual o bisexual.

Todas estas descripciones, generan una nueva lista de determinaciones. Cuando la persona no coincide en las categorías antes mencionadas, entonces decimos que es "cisgénero". Esto significa que su sexo biológico y las demás características están alineadas, o sea que su sexo biológico, su identidad sexual, su expresión y orientación están por completo del lado masculino, o en el lado femenino.

Dentro de esta misma normalidad y diversidad, se encuentran las personas que combinan sus características. Y por supuesto, todas las combinaciones son posibles y aceptables. *Únicamente con la mente abierta y practicando aceptación y tolerancia, la humanidad alcanzará un paso más en el camino hacia la plenitud.*

Y el único camino real para lograr un mundo más tolerante, es a través de la **educación y el conocimiento**. Si están combinados con el amor universal, entonces podríamos trascender como humanidad y sociedad hacia la sabiduría sexual y plena.

Embarazos

El embarazo, es el período que transcurre desde que un óvulo fecundado se implanta en el útero de una mujer, hasta el momento del parto. Es una etapa que dura alrededor de 40 semanas, y que, por supuesto está repleta de cambios psicológicos, físicos y por supuesto emocionales.

Generalmente, el primer síntoma que se presenta es la ausencia de la menstruación, y le siguen sensibilidad en los pezones, náuseas o vómitos matutinos entre otros. Pero no necesariamente se presentan en cada caso.

Para confirmar que un embarazo está en curso, lo ideal es realizar pruebas de embarazo, que ahora se pueden conseguir en cualquier farmacia, o acudir con el médico especializado.

Las etapas del embarazo se dividen en trimestres.

Primer trimestre. Cuenta desde la semana uno del embarazo, hasta la semana número 13.

Segundo trimestre. Este, va desde la semana 14 hasta la 27. En esta etapa ya se nota el crecimiento del abdomen, se perciben los movimientos del bebé. Puede haber contracciones, el flujo vaginal aumenta, las náuseas y vómitos disminuyen o desaparecen.

Tercer trimestre. Se cuenta de la semana 28 hasta el momento del parto.

Un embarazo SIEMPRE, debe ser supervisado por un médico, para detectar cualquier problema o anomalía que pueda ser solucionado a tiempo. Para ello, la embarazada debe asistir a consultas periódicas y hacerse exámenes y monitoreos prenatales.

Enfermedades

La lista de enfermedades de transmisión sexual, como ya mencioné anteriormente, es larga. Definitivamente, los métodos de prevención deben proteger adecuadamente a las personas con vida sexual activa, pues, aunque un embarazo puede darse en momentos y situaciones poco oportunas, existen enfermedades que cambian la vida de las personas, o inclusive terminan con ella.

Se les denomina ETS (enfermedades de transmisión sexual) o ITS (infecciones de transmisión sexual), y como su nombre lo dice, generalmente se adquieren por contacto sexual. Las bacteria, virus o parásitos que las causan, pueden transmitirse de una persona a otra por la sangre, el semen, los fluidos vaginales y otros fluidos corporales.

También pueden transmitirse en forma no sexual, como sería el caso de madres a hijos durante el embarazo o parto, a través de transfusiones de sangre, compartiendo agujas hipodérmicas.

Las ETS no siempre presentan síntomas, de manera que es posible contraer infecciones de personas que parecen estar perfectamente sanas y que ni siquiera saben que la tienen. Esta ausencia de síntomas, que puede durar años, provoca que pasen desapercibidas, hasta que ocurren complicaciones y/o aparece un diagnóstico positivo.

Por estas razones, la persona activa sexualmente, aunque solamente haya tenido una experiencia, debe acudir periódicamente a consulta médica y realizar los exámenes que se le recomienden.

Los síntomas de una ETS incluyen:

- Llagas o protuberancias en los genitales, o en la zona oral o rectal.
- Dolor o ardor al orinar.
- Secreción proveniente del pene.
- Flujo vaginal inusual o con mal olor.
- Sangrado vaginal inusual.
- Dolor durante las relaciones sexuales.
- Dolor e inflamación de los ganglios linfáticos, particularmente en la ingle.
- Dolor en la parte inferior del abdomen.
- Fiebre.
- Erupciones cutáneas en el tronco, manos o pies.

Los síntomas pueden aparecer unos días después de la relación sexual. Pero, como ya les comenté, pueden pasar años antes de que la persona tenga algún problema perceptible, y esto varía mucho.

Lo más recomendable, es mantener informados a tus hijos, desde antes que comiencen su actividad sexual. La comunicación acerca de estos temas, inicia con la primera pregunta del niño o niña. Y las respuestas deben ser sencillas y adecuadas para su edad.

De esta forma, los padres y personas responsables, les otorgan a los niños y adolescentes la única protección real: la información y la confianza.

También es conveniente que los progenitores o responsables, programen una cita médica para los chicos, en los siguientes casos:

- Cuando están considerando comenzar la actividad sexual, o mantienen una relación sentimental que va trascendiendo.

- Antes de comenzar a tener relaciones sexuales con una nueva pareja.

- Si ya es sexualmente activo/a y podría haber estado expuesto a una ETS.

- Si tiene signos y síntomas de una ETS.

Para lograr todo esto, los padres o responsables deben prepararse, pues no es fácil hablar abiertamente de este tema, y mucho menos sin la preparación adecuada.

Vale más un año antes, que un minuto después.

Matrimonios obligados

Cuando una pareja de jóvenes adolescentes, comienza su vida sexual temprana, hay ocasiones en que, a pesar de los métodos de anticoncepción, la relación culmine en un embarazo no esperado ni deseado.

También se les llama matrimonios precoces. La forma de ver y aceptar este concepto tiene mucho que ver con la zona en que la pareja vive, pues los estudios socio/geográficos, muestran que, en zonas rurales, cuando menos en países de américa, los matrimonios entre personas jóvenes o de un adulto con una casi niña, son más usuales y no mal vistos.

En 2008, se registraron 16 millones de nacimientos de madres en edades comprendidas entre los 15 y 16 años, lo que representa el 11 % de todos los nacimientos a nivel mundial. Cerca del 95 % de estos nacimientos, tuvieron lugar en países de ingresos bajos y medianos.

A pesar de que las estadísticas muestran que la tasa de natalidad en menores de edad es alta, estos números no muestran la baja esperada, debido al incremento de la población juvenil.

Así que, es hora de abrir los ojos y poner atención a este tema, ofreciendo verdaderas soluciones. Como ya hemos mencionado, la información adecuada, completa y proveniente de personas de confianza, es el más importante instrumento para resolver esta preocupante situación. Y tanto la información como la educación sexual, debe comenzar con y para los padres; así es que saquen tiempo para esto.

Además de enseñarles cómo se conciben los niños, dicha enseñanza debe mostrarles cómo se evitan los embarazos y enfermedades, así como hacerles comprender que los métodos de protección NO SON siempre 100 % infalibles.

Ahora bien, es necesario informarles a nuestros hijos, qué pasaría si se produce un embarazo.

Un matrimonio precoz, usualmente elegido en estas circunstancias, no hace más que agravar los problemas ya existentes. Es un catalizador de la situación preexistente. Si los jóvenes apenas se conocen, no se aman con madurez, se dejaron llevar por la curiosidad y el ardor sexual, no tienen conocimiento ni amistad mutua, ¿cómo podemos esperar que sea una relación exitosa? Si aun contando con todas estas características, es obvio que no está asegurado el éxito del ciclo vital de una pareja...

Además, un primer embarazo en edad temprana es peligroso. Los nacimientos en madres adolescentes representan el 11 % del número total a nivel mundial, pero también el 23 % de morbilidad global. Las tasas de abortos, nacimientos prematuros, bajo peso del recién nacido, y otros agravantes de salud, son más altas en menores de edad.

Ahora, hablemos de abortos y de la famosa "píldora del día siguiente".

La píldora del día después es cada vez más consumida mundialmente. El grave peligro que encierra, es que se está utilizando como método preventivo habitual.

Esta píldora es un método hormonal que inhibe la ovulación y la fecundación, con serios efectos colaterales si se ingiere sin control médico.

Quienes están a favor de su uso, aclaran que la píldora puede llegar a prevenir uno de cada cuatro embarazos que se presentaría en relaciones no protegidas y que, en consecuencia, disminuiría notablemente los casos en 5 millones de abortos al año que se generan, por ejemplo, en américa latina.

Pero...la droga que contiene esta medicación, el levonorgestrel, puede ser perjudicial si se toma varias veces, ya que altera los ciclos menstruales. Hay mujeres que toman esta medicina todos los meses, sin saber el daño que se están haciendo a largo plazo. Por favor cualquier duda, consulta a tu médico.

Ya me desvié un poco del tema, pero considero que esta información es importante, antes de regresar a los matrimonios obligados. Como ya expuse brevemente, unir en matrimonio a dos jóvenes, porque viene un nuevo ser en camino, es sumar un error a otro error.

Existen soluciones mejor pensadas, olvidémonos del qué dirán, para concentrarnos en lo que es mejor para cada una de las partes y, sobre todo, del bebe en camino.

Para ir concluyendo, podemos decir que la educación integral en la sexualidad es un proceso de enseñanza y aprendizaje basado en planes de estudios que versa sobre los aspectos cognitivos, psicológicos, físicos y sociales de la sexualidad.

Su propósito es dotar a los niños y jóvenes de conocimientos basados en datos empíricos, habilidades, actitudes y valores que los empoderarán para disfrutar de salud, bienestar y dignidad; entablar relaciones sociales y sexuales basadas en el respeto; analizar cómo sus decisiones afectan su propio bienestar y el de otras personas; y comprender cómo proteger sus derechos a lo largo de su vida y velar siempre por ellos.

Demasiados jóvenes reciben información confusa y contradictoria sobre las relaciones y el sexo a medida que hacen la transición de la niñez a la edad adulta. Ello ha conducido a un aumento de la demanda por parte de los jóvenes de información confiable que los prepare para llevar una vida segura, productiva y satisfactoria.

Correctamente enseñada, la educación integral en la sexualidad responde a esta demanda, empoderando a los jóvenes para que tomen decisiones fundamentadas en lo que respecta a las relaciones y la sexualidad, ayudándolos a desenvolverse en un mundo donde la violencia y las desigualdades basadas en el género, los embarazos precoces y no deseados, y el VIH y otras infecciones de transmisión sexual (ITS) continúan planteando graves riesgos para su salud y bienestar.

Asimismo, una educación integral de calidad en la sexualidad deficiente o inexistente, adaptada a la edad y a la etapa de su desarrollo, expone a los niños y jóvenes a una situación de vulnerabilidad frente a las conductas sexuales negativas y a la explotación sexual.

La educación sexual, es un proceso de enseñanza y aprendizaje de alta calidad acerca de una amplia variedad de temas relacionados con la sexualidad y la salud reproductiva, donde se exploran valores y creencias relacionados con estos temas.

Al mismo tiempo, la educación sexual ayuda a que las personas obtengan las herramientas necesarias para manejar su relación primero con ellas mismas, sus parejas y con su propia salud sexual.

Por favor, no cometamos el error de dejar todo en manos del colegio o de los educadores en general, el papel de padres o tutores es importantísimo y debemos nosotros prepararnos primero, para estar listos en informar correctamente y en tiempo a nuestros hijos sobre el tema sexual. Sin tabúes, ni clichés, ni miedos; con claridad, seriedad, respeto, amor y sobre todo asertividad.

La adolescencia es un momento clave y crítico en la formación de la personalidad y también un momento clave para abordar el tema de la sexualidad, pues es una etapa que define la transformación del niño en adulto.

Sabemos que la adolescencia es una fase de descubrimiento de identidad y la sexualidad es parte de ello.

Finalmente, quiero motivar a todos los que me están leyendo (sobre todo a los padres), a que aborden una educación sexual apropiada y en tiempo, para que sus hijos tengan todos los conocimientos necesarios para evitar en su vida riesgos innecesarios, y sobre todo aprendan a disfrutar de una sexualidad maravillosa, plena y responsable.

Es de mala educación no hacernos el amor,
cuando ambos morimos de ganas.
Danns Vega

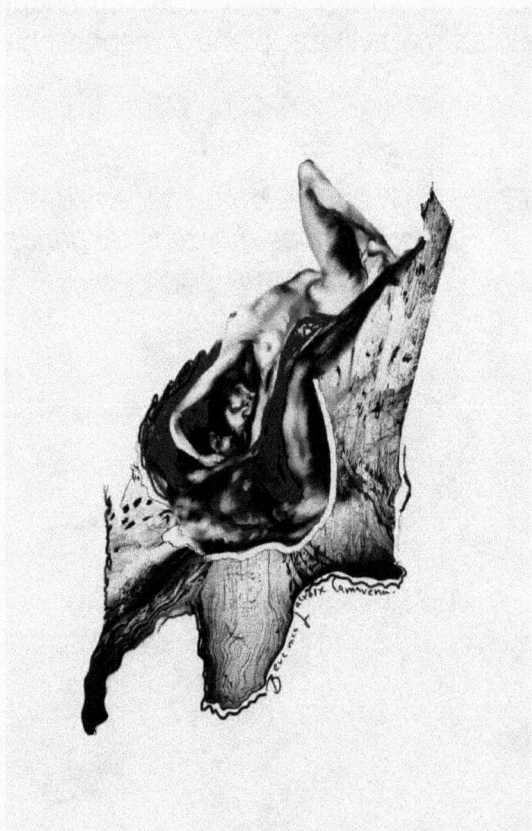

sexo, rutina y creatividad...

CAPÍTULO 8

El sexo la rutina.
La seducción.

Rutina

Nuestro compañero/ compañera de vida, debería ser una de las personas más importantes a lo largo de esta vida, pues la elegimos para compartir los momentos más íntimos, malos, buenos y mejores.

¿Por qué, entonces, nos dejamos caer en una rutina cotidiana y sexual, que poco a poco va diluyendo las bonitas emociones con las que comenzamos el camino juntos?

¿Por qué se va apagando la pasión?

Entender y trabajar sobre lo que está sucediendo, es tan importante para nuestra salud, como un buen diagnóstico médico o un tratamiento eficaz.

Lo primero que debemos comprender, es que el amor tiende a evolucionar y transformarse. Trasciende del enamoramiento físico o químico, a un amor más profundo y duradero, no tan excitante como al principio, pero mucho más valioso y potente, capaz de sostenernos en momentos difíciles y multiplicar el placer de cada instante.

Pero, requiere de unas ciertas reglas de mantenimiento y estar muy atentos, para que la rutina no sea quien predomine.

Compartiremos con ustedes, algunas claves para prevenir y solucionar la falta de deseo provocada por el tiempo en las relaciones.

El sexo es salud.

Y tenemos todos los instrumentos para poder disfrutarlo en todas las etapas de nuestra vida sexual activa.

Digámoslo con todas sus letras. El "aburrimiento" hacia el otro, es un grave problema al que se enfrentan las parejas y que a veces pone en la cuerda floja una relación.

Además, se añaden a estas situaciones de pareja, las disfunciones sexuales, como la eyaculación precoz o la impotencia, falta de deseo sexual, intimidad, entre otras.

Pero, con todas estas posibles razones y los días, meses y años que van pasando, las cosas urgentes pisotean lo importante, los problemas cotidianos nos agobian, entonces sucede que el tema de la pérdida del deseo y la rutina, se vuelven muy comunes hasta afectar gravemente la relación.

Tengamos en cuenta también, que mucho influye en la pérdida de interés sexual y atracción hacia el otro/a, aspectos como el carácter biológico, factores psicológicos, fármacos, etc.

Existen elementos en esta pérdida del deseo, que simplemente tienen que ver con el tiempo que llevamos en pareja.

¿Pero, cuándo aparece la apatía, cómo se cuela la rutina sexual en nuestras vidas?

Expertos apuntan que no hay estudios definitivos, pero parece que biológicamente la pasión tiene una fecha de caducidad; al investigar sobre parejas se obtiene como dato importante que, al tercer o cuarto año de convivencia, suelen aparecer los primeros síntomas.

Las siete claves

Comparto estos señalamientos, que pueden ayudar a mantener saludables la atracción y el deseo.

Primero: Comunicación: hablar, hablar y hablar las cosas.

Lo más importante es que realmente tomemos conciencia, y seamos capaces de comunicarnos con claridad, pero sin adoptar actitudes acusatorias, esto quiere decir faltas de sinceridad, solamente aparentes.

La comunicación sincera, es indispensable para poder empezar a emprender acciones. Muchas veces no podemos, no sabemos o no nos atrevemos a expresarnos, de esta manera con la otra persona.

Para realmente solucionarlo, la clave está en no hablar acusando, recriminando ni señalando, sino expresando cómo las cosas y acciones del otro, nos hacen sentir. Es decir, hablar desde el punto de vista de los sentimientos y acabar formulando propuestas de cambio.

Este es un buen ejemplo de cómo manejar la conversación: "Cuando tú haces_____ Yo me siento _____Y me dan ganas de_____"

De esta forma, dirigimos el enojo hacia la acción, en lugar de a la persona. Ya no es un ataque, es una charla constructiva, que no lanza dardos al corazón, sino a la acción que nos disgusta y se orienta positivamente hacia la posibilidad de un cambio.

Por supuesto que, así como diremos lo que no nos gusta, estaremos dispuestos a escuchar la contraparte y a hacer lo que nos sea posible para llevar a cambio los ajustes que nuestro compañero/a nos solicita. Los ajustes, cambios y demás adaptaciones, siempre serán beneficiosos.

También es importante señalar que cada individuo tiene una esencia, un estilo y un conjunto de elecciones personales que el otro/a ya conocía cuando decidieron amarse.

No decidimos amar a alguien, para tratar de cambiarlo. Pero muchas veces, eso hacemos, y trasgredimos la barrera del respeto a la individualidad.

Si esta persona era así cuando la conociste y la quieres cambiar, ¿para qué la elegiste?

Segundo: Crear y mantener espacios de individualidad.

Lo que muchas veces llamamos la burbuja personal, resulta un concepto fundamental para la salud de la pareja.

Estar juntos en todo momento, casa, trabajo, deporte, entretenimiento, es un caldo de cultivo ideal para la rutina. Un ingrediente importante en la receta para recuperar y/o mantener vivas la pasión y la ilusión, es que tengamos un espacio personal donde podamos cultivar nuestra individualidad. El que podamos vivir experiencias que después podamos incluir en nuestras conversaciones.

Esta separación nos permite la posibilidad de echarnos de menos, muchas veces se necesita ausencia para valorar la presencia.

Elijan actividades que puedan llevar a cabo sin la presencia del otro: terminar la carrera o estudiar otra, tomar clases de repostería, visitar el gimnasio, paseos en bicicleta, museos, club de lectura, etc. Las posibilidades son infinitas. ¿Qué no has hecho aún y te gustaría hacer? Para encontrar una pasión de este tipo, revisemos internet, pues nos ofrecen un gran abanico de oportunidades, muchas de ellas gratuitas.

Tercero: Se relaciona mucho con el anterior, y se refiere a mantener un contacto individual con el entorno.

Aunque hay parejas para las que esto resulta positivo y exitoso (por algo somos individuos: seres humanos todos, pero con diferencias e igualdades), insistir en esto, cuando a clara vista no está funcionando, es un error, que además puede provocar una presión bárbara y pues claro está que no a todo el mundo le gusta o se siente bien con este tipo de relación. Lo importante es lo que funcione para cada quien.

Lo que hay que hacer, es marcar nuestros propios estándares de pareja porque es el criterio solo de ustedes dos lo que determinará la calidad de su relación. Y poner siempre dentro del calendario, los momentos íntimos necesarios para mantener viva la llama de la pasión. Así dentro de la frecuencia que nos marquemos nosotros mismos, por supuesto. Si no, el sexo se convierte en una obligación y es cuando perdemos el interés.

Cuarto: Cuidar con esmero la pasión del uno por el otro.

Comportémonos, como si nuestro compañero/a fuera una especie en peligro de extinción, ¡Una persona que podemos perder!

Para lograrlo exitosamente, es importante que hablemos con cierta regularidad de sexo, que hagamos planes eróticos, juegos, aunque no siempre se lleven a cabo.

Que nos toquemos y esto (al margen de la propia relación sexual). Tenemos que aprender a "des coitar" la relación, tener momentos íntimos y excitantes que no necesariamente estén encaminados a la búsqueda del orgasmo.

Para lograrlo, usaremos el más grande y activo órgano sexual que poseemos: **Nuestra Mente. La imaginación.**

Es momento de compartir fantasías, leer libros eróticos, mirar y comentar películas que contengan estos temas... Nuevamente las posibilidades, son muchas, solo búscalas y compártelas con tu pareja.

Quinto: Sorprender y usar la imaginación. Tenemos que huir de la rutina para fomentar un clima que favorezca el reencuentro. Los psicólogos señalan que hay que romper con la inercia que nos lleva a buscarnos o a "hacerlo" siempre en el mismo sitio

Sexto: Experimentar.

Es algo fundamental. Juguetes sexuales, posturas, juegos, cambios de rol, fantasías. Debemos saber pedir a nuestra pareja las cosas que nos gustaría hacer, expresarnos y a partir de ahí, generar espacios de encuentro o "reencuentro"

Séptimo: Cultivar el propio atractivo personal.

Muchas veces pensamos que cuando tenemos pareja, ya lo tenemos todo conseguido y conquistado.

Es fundamental seguir cuidando nuestra imagen, pues no solamente se trata de mantenerse atractivo para con la pareja, sino sobre todo para la persona más importante: nosotros mismos.

La higiene, atuendo, alimentación, lenguaje, los piropos y comentarios positivos hacia uno mismo y al otro de manera continua, porque no podemos abandonarnos ni tomar el camino de la dejadez.

Se trata de tener y mantener interés, cuidado y atracción por el otro tomándolo como una responsabilidad.

El amor, el deseo, la atracción viva, son el resultado de una conquista continua. Y a pesar de todo lo que hagamos, debemos recordar que las situaciones externas (problemas) e internas (salud física, mental y emocional), seguirán retándonos, provocando altas y bajas a través de los años.

Quiero señalar también, que para que se dé una buena relación de pareja, tiene que haber cuatro ejes que la sustenten: **compatibilidad de valores, comunicación asertiva, pasión y compromiso.**

No puede ser casualidad que, mientras redacto este escrito, lleguen a mis manos, ojos y oídos los siguientes tesoros, que ahora comparto:

Amar es conocer. El amado, me permite romper las fronteras de mi ser distinto, de mi ser único, para trascender hacia lo distinto a través de la presencia del otro.

Seducción

El arte de la seducción
El arte de seducir es el arte de saber escuchar, de saber decir algo de una manera especial, de saber hacer un gesto o un movimiento perfecto en una situación determinada. No se trata de lo que decimos, sino de <u>cómo</u> lo decimos.

Casanova, el donjuán por excelencia del siglo XVIII, acumuló tantas mujeres conquistadas, como trucos para conseguirlas.

Pero Casanova vivió hace más de 300 años, y desafortunadamente la gente de hoy está perdiendo el arte de seducir, comenta el doctor Raj Persaud, psiquiatra, científico inglés y autor del libro "Simplemente irresistible: la psicología de la seducción".

La atracción y la seducción son dos cosas distintas. La primera surge de quién eres, la segunda es el método, técnica, estilo o habilidad que utilizas para proyectarte y obtener el resultado u objetivo deseado.

La atracción, es la base de la seducción, sino hay atracción no hay seducción.

Ambas son muy importantes y hay que estudiarlas, aplicarlas y desarrollarlas. Una mujer o un hombre, pueden tener muy desarrolladas las causas de atracción y por lo tanto tener un nivel alto de atracción, pero, no obstante, pueden no saber cómo y cuándo seducir a la persona opuesta.

El significado de seducir y ser seductor de hecho se ha reducido (según el doctor Persaud) a la inmediatez de llevarse a alguien a la cama o a creer que George Clooney o Angelina Jolie son irresistibles solo por su apariencia física.

O peor aún, se piensa que ser seductor es algo con lo que se nace o no, y algunas personas asumen que están destinadas a no ser seductoras.

Con respecto a la seducción hay dos ideas fundamentales. La primera, que se puede aprender a seducir. La segunda, que es una habilidad muy importante no solo para conquistar a alguien, sino también para lograr cualquier objetivo en la vida, ya sea un aumento de sueldo, conseguir un trabajo en una entrevista, o mantener una relación de pareja, expone Persaud.

Para conseguirlo, hay que recurrir a una verdad universal: todos tenemos "necesidades insatisfechas".

La clave del éxito sería encontrar cuáles son las necesidades del otro u otra y basar nuestro juego de seducción, en responder a las mismas a través de diferentes técnicas dirigidas a ese objetivo.

Bien, entremos más en materia.

Atracción

Debes entender a profundidad que es la atracción, que hay diferentes causas de atracción (seguridad, confianza, autenticidad, liderazgo, aspecto físico, personalidad, carácter) entre otros.

Para que tengas el éxito que deseas, todo lo que mencionaré aquí, debes ponerlo en práctica de manera constante, pues si no será solo un conocimiento sin utilidad.

Confianza y sobre todo seguridad en uno mismo, son importantes herramientas en la seducción. Viene de saber y entender quién eres, que quieres y cómo puedes conseguirlo. De igual forma, el saber y entender quién eres, consiste en conocer cuáles son tus virtudes, tener confianza de ellas, sentir que son lo realmente poderosas para sacarte adelante ante cualquier situación que se presente. Y finalmente también, estar claros, cuáles son tus defectos y limitaciones para estar activamente haciendo lo necesario para cambiarlos o modificarlos.

Una mujer segura de sí misma no busca aprobación constante de los demás, sabe que tiene la capacidad de afrontar y resolver cualquier situación. Esta seguridad resulta MUY ATRACTIVA PARA LOS HOMBRES.

Ambición y pasión

No confundir con ser avariciosa. Una mujer con ambición, tiene las ganas de siempre mejorar, se pone en acción para lograr lo que se propone, no es conformista, siempre tiene un objetivo o sueño por cumplir.

Si bien disfruta lo que es y lo que tiene, siempre va por más, siempre está buscando como mejorar en todos los aspectos de su vida, disfruta lo que hace y lo hace con entrega y pasión.

Buen estado emocional

Los hombres prefieren estar con una mujer con la que se sientan bien, que los haga sentir bien. Un buen estado emocional entendemos, como una persona que no está estresada todo el tiempo, que no se queja todo el tiempo, que sabe disfrutar la vida y los momentos, que se siente feliz consigo misma, que es alegre, optimista y sobre todo no es conflictiva o "Drama Queen".

Ahora bien, lo más importante, es desarrollar principalmente todas estas herramientas de seducción o atracción para ti y por ti y así en consecuencia natural, atraerás a más hombres y a hombres que realmente valgan la pena.

El físico y la belleza son causas de atracción de alto impacto inicial, provocando esta misma rápidamente, pero si no van acompañadas de un muy buen nivel de las cualidades personales, emocionales y de carácter, la relación a largo plazo no funcionará.

Recuerda, la atracción es una emoción. Se estudia la atracción de forma racional para entenderla, pero la atracción y la seducción son eminentemente emocionales.

Sentido de merecimiento

Este es también muy importante en el arte de la seducción. Es sencillo de explicar, pero toma tiempo poder alcanzarlo. Es el sentimiento de que, SI mereces lo que quieres, y eso cambia totalmente tu actitud ante la vida y desde luego te hace mucho más atractiva.

¿Cuántas mujeres no creen merecer un hombre inteligente, amable, amoroso, fiel, comprometido, dedicado, exitoso y guapo?

Debemos, primero que nada, estar claras y convencidas que SI lo merecemos y lo podemos conseguir.

Cuando en realidad sientes que te mereces algo, lo buscas con convicción, con seguridad y con amor. No hay duda en lo que haces para conseguirlo porque estás segura que si te corresponde.

Una mujer así, cuando interactúa con un hombre lo hace son seguridad, con confianza y sabe y siente que ese hombre si puede ser para ella, lo que provoca una gran atracción en el hombre hacia ella.

La comunicación no verbal

Los expertos afirman que la comunicación no verbal representa el 60 % del total de la comunicación, otros hasta el 75 %, el tema es que la información que transmitimos de nosotros mismos y de nuestra personalidad, es mayoritariamente no verbal y la transmitimos de manera inconsciente mediante el lenguaje corporal.

El lenguaje corporal

Por ejemplo, la postura del cuerpo (recta, encorvada, relajada, tensa), nuestros movimientos (lentos, rápidos, nerviosos, torpes, fluidos) el tono de voz, como hablamos, el lenguaje que utilizamos, la mirada, todo esto es parte del <u>arte de la seducción.</u>

Toda esta comunicación no verbal, está controlada por tu personalidad, por quién eres realmente, por eso debes de trabajar primero en ti interna y externamente, para que posteriormente estés lista para aplicar muchas herramientas de seducción y atraer a quien tú desees.

Entonces, lo más importante para tu vida en general, (en lo particular para que puedas alcanzar el éxito) y para que seas genuinamente atractiva, para generar atracción en los hombres y poder seducirlos, es que debes trabajar en tu personalidad, definas también tu identidad y alcances la mejor versión de ti misma.

Como conclusión podemos decir que, **seducir** es el arte de causar interés y transformarlo en deseo, lograr que alguien se fije en ti de una forma especial. Se trata de instalarse en su mente e imaginación de manera permanente haciendo que su deseo por conocerte crezca a cada instante.

De todas las aberraciones sexuales,

la más singular sea quizá la castidad.

Demi Lovato

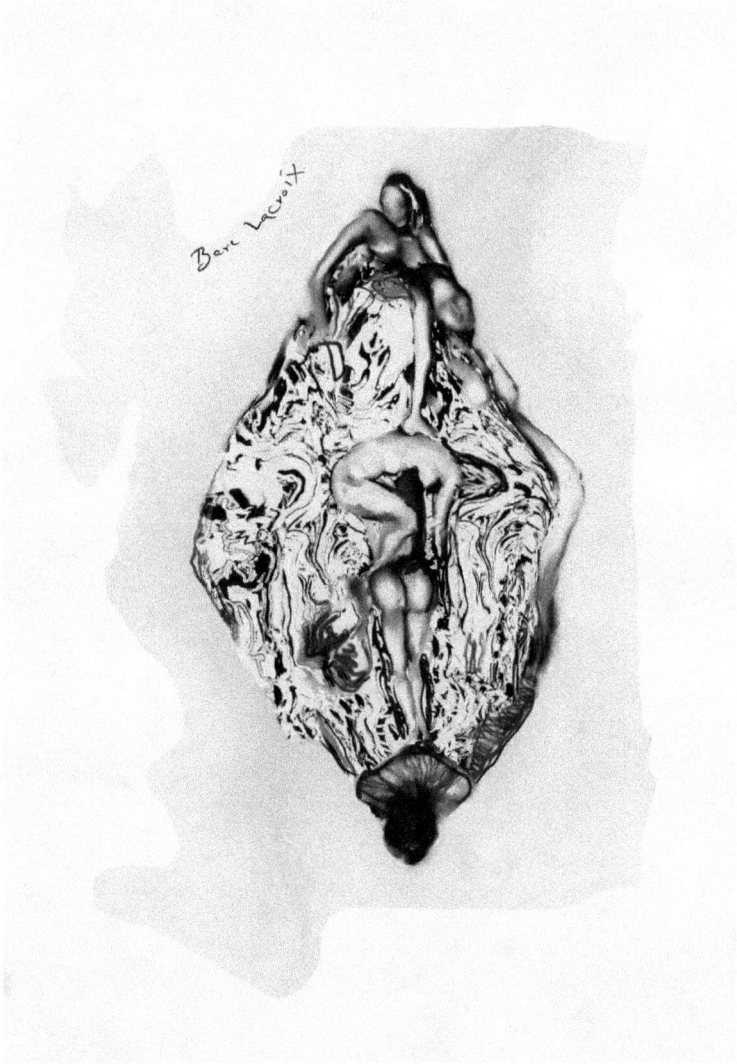

CAPÍTULO 9

El sexo y los tabúes

Sexualidad: Tabú y Gran Capital de Energía

Imagina que al momento de tu nacimiento llegas a una familia pobre, donde apenas tienen un lugar para vivir y sobreviven con escasos recursos. Pero la verdad es que en otro país cuando tú naciste se abrió una cuenta en el banco a tu nombre donde tienes un capital enorme (digamos que 5 millones de dólares). ¡Nadie te ha dicho de esa cuenta y nadie sabe en realidad que esa cuenta exista para ti! Necesitas que alguien te diga que esa cuenta existe y además cual es el número de cuenta para que puedas acceder a ese Gran Capital (GC). Todos nacemos con ese capital escondido y pocos saben cómo sacar dinero de esa cuenta y quienes tienen acceso.

¡Este capital es tan poderoso que está oculto para todos! Nadie quiere que sepamos de él, porqué de hacerlo dejaríamos de depender de la religión, de la ciencia, de la política y hasta de la economía, los cuatro paradigmas que apuntalan a la población en la actualidad.

Es decir, nadie quiere que accedas a ese GC porque dejarías de depender. Entonces lo que se hace con algo que quieren ocultar es: negarlo, reprimirlo, prohibirlo. Hacerlo ver como una aberración, para que de forma natural lo rechaces y no te intereses en él, es decir, ese GC lo han convertido con mucho éxito en un tabú.

Ese gran capital se llama sexo.

Sexualidad y tabú

Tabú, prohibición, pecado, algo malo y sin embargo cada ser humano que vez a los ojos es producto de un acto sexual, es decir de la entrada de un falo a una vagina abierta y dispuesta a gestar la vida.

Tu vienes de un acto sexual, quizás el más poderoso acto de sublimación en el cual en un momento puedes unir lo sutil y lo denso para crear un nuevo ser. Este acto no se puede reproducir en otras condiciones, aunque en laboratorios desde hace quizás 50 años se esté experimentando para reproducir la vida, pero sin la unión sexual de dos cuerpos de diferente sexo, la verdad es que por más de 200 mil años la humanidad (y toda la vida en el planeta) se ha sostenido gracias al acto sexual (unión de dos sexos opuestos) mismo que en otras épocas estuvo envuelto en importantes ritos y a los pequeños se les hablaba de estos eventos con total naturalidad y explicando lo poderoso del mismo.

Sin embargo, durante muchos años en la sociedad la sexualidad está envuelta por el termino tabú, y no se nos permite acceder a ella de forma natural, pero esta energía habita en nosotros, estemos o no en pareja, tengamos o no limitaciones físicas o diferentes preferencias sexuales, cualquier que sea tu condición esta energía va a habitar en tu ser y lo mejor es saber aprovecharla. Cuando vas al mar y tomas un vaso de agua y lo analizas podrás ver que tiene las mismas características que el agua del océano, si vienes de un acto sexual del más físico y carnal, es obvio comprender que esa energía sexual habita en ti.

Es el gran capital con el que llegas al nacer, pero apenas das indicios de que te interesas en él, vienen los regaños, el miedo, muchas mujeres han escuchado decir "no te toques ahí, no seas sucia, cochina". Los hombres tienen un poco más de libertad en el tema de la sexualidad, más permiso para acceder a ella, sin embargo, rápidamente se desvirtúa.

En las mujeres, el tema de la virginidad donde su valor depende de ese cachito de piel que está cubriendo su vagina sea que lo tenga o no o sea sumamente elástico o no, la sexualidad se vuelve un verdadero tabú, en algo prohibido. Pero si nosotros supiéramos el valor de la sexualidad, podríamos por elección propia protegerlo y/o aprovecharlo de la mejor manera.

Lo que sucede actualmente en relación a nuestra sexualidad, es que nos enseñan a reprimirla y cuando reprimimos algo esta represión se transforma en lo contrario y afecta a la propia persona, es decir a quien reprime y esta situación la podemos comprobar perfectamente en este tema:

La sociedad (la familia, la escuela, la cultura) reprime la sexualidad y por esta razón no se puede hablar de ella abiertamente, no se puede acceder a ella de forma natural aun cuando sea en los primeros inicios de la vida. Entonces la sexualidad se transforma en lo contrario: las violaciones por conocidos o por desconocidos es un silencio a veces protegido por la misma familia.

Es decir, hay casos donde la madre sabe que su hija o hijas están siendo violadas por su padrastro, pero no hace nada porque de eso no se habla, porque no sabe qué hacer, porque eso mismo pasó con ella y con su mamá y abuela o porque de él recibe dinero, porque da a cambio a sus hijas para tener un beneficio como si fueran moneda de cambio. O si se sabe que el tío abusa de las niñas de la casa, todos hacen silencio y cuando la niña lo hace notar, a ella se le hace callar y no al tío. En alguna ocasión se le pide a la niña no usar shorts porque va a venir su tío. ¿O sea, ella se tiene que cubrir como si fuera culpa de ella si su tío la toca?

Ejemplos tengo muchos en estos más de seis años de impartir el taller Mujer Orgásmica, años que me han permitido confirmar que la represión de la sexualidad hace que se convierta en lo contrario, por ejemplo, la pornografía donde explotan a mujeres, niñas, niños y hombres, es un claro ejemplo de cómo se daña a la misma sociedad y a sus integrantes. Las violaciones son una afectación de la sociedad, (cumpliendo lo dicho por JL Parise lo que se reprime se vuelve en lo contrario) la cosificación de los cuerpos de las personas tiene gran parte de su raíz en la pornografía, que con sus deplorables consecuencias afecta a toda la sociedad.

Otro ejemplo evidente es lo que sucede en la religión principalmente en la Iglesia Católica, donde la represión sexual está a su máxima expresión prohibiéndoles a los sacerdotes y monjas el matrimonio y llevar una vida sexual normal, es ahí donde los escándalos por violaciones, pedofilia y abortos podrían escandalizar y asquear al católico más ferviente.

También podríamos hablar de la prostitución, que es uno de los negocios más redituables y no para las mujeres que ponen el cuerpo sino, para quienes administran su tiempo y sus cuerpos para obtener un beneficio económico pasando por encima de la salud mental, física y emocional de las mujeres/cuerpos/ que son usadas para este negocio.

Tampoco podemos negar que la pornografía genera un gran recaudo económico a favor de unos cuantos y repercutiendo de forma negativa en la salud mental de tantos niños y adultos que participan en ello, generando una fuerte adicción (casos de niños que son rescatados de redes de pornografía infantil, presentan una fuerte adicción a la sexualidad), pero también quienes observan la pornografía tienen repercusiones negativas porque aprenden cosas que están muy lejos de un encuentro sexual real, por ejemplo: que hay que tener un miembro viril grande y grueso, o que las mujeres les gusta que las golpeen y causen dolor; desafortunadamente todo esto debido a la mala información.

Con estos ejemplos queda demostrado que cuando la sociedad reprime la sexualidad, provoca que se convierta en lo contrario (violaciones, incestos, pornografía en lugar de un acto amoroso donde podemos activar nuestro Gran Capital) y afecta a todo. Entonces debemos entender la sexualidad, como un acto natural, un acto de amor. Sin que sea un tabú o algo prohibido.

La sexualidad es un Gran Capital

Sí, aunque te parezca difícil concebir la idea de que la sexualidad es un gran capital con el que hemos nacido, esa es la realidad. Actualmente tenemos varios conceptos acerca de la sexualidad.

Evasión

Muchas personas tienen varias concepciones de la sexualidad: Desde las más fatídicas que lo consideran un mal necesario, que sufren literalmente en cada encuentro sexual y que para ellas mientras menos dure mejor, mientras menos suceda mejor, o que cuando están en ese momento desvían su mente pensando en cosas que no están relacionadas con el evento y que las separan de lo que está sucediendo para de algún modo evadirse, no entregarse ni estar presentes.

Reproducción

Para otras mujeres, la sexualidad es el evento mediante el cual se embarazan y entonces es el método de reproducción siendo este básicamente su única función, no es necesario hacerlo en otros momentos, de hecho, la religión judeocristiana considera que la sexualidad solamente tiene esta función y el placer está prohibido, es un pecado disfrutar de este acto de amor y placer.

Placer

Otras mujeres y hombres, han podido ir más allá de la connotación de que la sexualidad es mala o que solo es para la reproducción, sino que han cruzado un borde y llegado a considerar que la sexualidad es también para tener placer. Reconocen que el área genital puede generar sensaciones a veces indescriptibles, donde se acumula mucha energía para después ser liberada y al momento de liberarse los pensamientos se detienen, hay contracciones vaginales involuntarias, a veces hay emanación de eyaculación femenina, se siente calor en el cuerpo, o un hormigueo, o electricidad que recorre el cuerpo, las mejillas se ponen rojas, el corazón late más rápido, hay sudoración y un jadeo, es decir llegan a un orgasmo.

La mayoría de estas mujeres y hombres, viven en las grandes urbes quizás porque la sociedad en estos lugares reprime menos la sexualidad, hay más información disponible que es difícil encontrar en lugares alejados o con poca densidad de población. En este rubro, también hay personas que se han desbordado en el tema de la sexualidad pudiendo llegar a hacerse daño físico, mental y emocional por satisfacer el placer de los genitales, es decir al estar tan abiertos a este tema, pueden polarizarlo hacia el otro lado.

Entiéndase que cuando hablo de polarizar, me refiero que de un lado está la sexualidad como un tabú reprimido, donde mientras la vagina sea más inaccesible mejor y en el otro polo la actividad sexual es muy abierta buscando mantener siempre llena la vagina sin importar de que, ni si este acto genera o no orgasmos, pueden tener muchas parejas, incluso llegar a introducir objetos peligrosos porque hay un hambre vaginal insaciable.

Hasta ahí se llega con la sexualidad, pasaran por momentos con más intercambios sexuales otros con menos, quizás empiecen a realizar tríos o sexo grupal y hasta vender su cuerpo, todo es posible para saciar el hambre de la vagina y hay que tener mucha precaución con esto. Considero que todos los extremos nos son buenos.

Al habitar el polo de la represión, las mujeres pueden llegar a perder el gusto por la vida, no sentirse contentas con la misma, o peor aún, cuando su pareja sanamente quiere contacto sexual se pueden sentir utilizadas, tristes y como un objeto, sin capacidad de decidir ante la relación sexual.

Cuando una mujer no reprime su sexualidad, pero tampoco está enfocada en saciar el hambre vaginal y tiene orgasmos relativamente frecuentes, también se le nota, son mujeres más alegres, buscan soluciones en su vida, tienen una sonrisa natural y hasta seductora.

De hecho, durante el orgasmo pueden llegar a activarse diferentes áreas del cerebro, por ejemplo, la glándula pineal, la hipófisis y activar la secreción de hormonas como la oxitocina, endorfinas y dopamina lo que provoca que la mujer se sienta más tranquila, feliz y empática. En países de oriente, se conoce como Kundalini a la energía que surge de los genitales y es como una serpiente que se desenrolla y sube por la columna vertebral pasando por todos los chakras hasta despertar la glándula pineal, un lugar que ha sido muy venerado por antiguas culturas, de hecho, entre los tibetanos se le llama "Hdab-ston" y es el centro de convergencia de la energía inconsciente y el punto de proyección hacia la conciencia cósmica.

¿Pero cómo se puede lograr que mi glándula pineal se active a través del orgasmo y más importante aún, para que me sirve lograrlo? El acto sexual es el momento donde los dos polos (femenino y masculino) se unen (lo denso que es el cuerpo con carne y huesos y lo sutil que es el alma con un espíritu) a eso se le llama sublimar.

La sexualidad un Gran Capital

Hay un grupo muy limitado de mujeres que ha podido utilizar su energía sexual para ponerla al servicio de su vida, es decir dejan de moverse en función de su energía sexual (ya sea para reprimirla o para cubrir su demanda) y han decidido usar esta energía TAN PODEROSA para sus proyectos, sus planes, su realidad. Esto ya se hacía en el Oriente donde la sexualidad es una energía tan habitual, que casi todos los monumentos presentan mujeres voluptuosas y hombres con atributos importantes, mostrándonos que la sexualidad es maravillosa y muy importante para la existencia humana.

Gran Capital en nuestra vida

Existe la Ley de Inter determinación de los planos la cual nos dice (Parise, J.L., 2013. El otro camino.) que la realidad se mueve de lo sutil a lo denso, entendiéndose lo sutil por lo más ligero y con menos carga material por ejemplo una palabra, un pensamiento, esto que es sutil puede mover la energía, es decir que, si tienes una idea de lograr algo, lo piensas y la energía se dirige a realizarlo. Esto lo podemos ver, por ejemplo, cuando pensamos en mover un brazo, primero está el pensamiento y entonces se dan señales eléctricas a través de los músculos (energía) para que el brazo se mueva.

En la ley de Inter determinación de los planos está el concepto de la energía como el puente entre lo sutil (ideas) y lo denso (realidad), la energía se convierte en un capital muy valioso pues de él depende la materialización de lo que deseo y la energía sexual es de la mejor calidad, la más brillante, la más refinada, la más dúctil, maleable. Nosotros podemos contar con energía solar, que obvio viene del sol y provee vida y alimentos, pero la energía sexual tiene su casa en los genitales, en ese lugar sagrado por donde entra la vida y por donde sale la vida.

La energía sexual para ser utilizada, es también necesario aprender a usarla, pero no olvidemos que tenemos milenios, por lo menos dos, de represión sexual que han dejado marca en nosotros, y han hecho que se nos olvide cómo aprovecharla de la mejor manera para nuestra salud mental, física y emocional.

Para poder aprovechar la energía sexual, primero hay que desbloquearla, hacerla viva en la vida, ya que a veces pensamos que la energía sexual solo se despierta cuando hay cierta fricción en nuestros genitales, o cuando hay caricias en nuestras zonas erógenas, pero la energía sexual es la energía de VIDA y también se activa en otros momentos, por ejemplo cuando un nuevo proyecto surge en nuestra cabeza, cuando empezamos a tener ideas súper novedosas de como generar algo que antes no existía, o también durante el parto y la lactancia materna, entre otros momentos.

Tenemos que permitir que la energía sexual una vez desbloqueada, fluya en nuestros cuerpos de una manera natural, y no se trata de estar masturbándonos todo el tiempo y en todos los lugares. Hay veces que cuando las mujeres empiezan a desbloquear su energía sexual, se sienten muy excitadas sin razón aparente (este tipo de excitación también puede ser muy persistente en la segunda mitad del ciclo menstrual), esta excitación es importante saber canalizarla, darle dirección, decidir para que la queremos usar, aunque habrá ocasiones en que simplemente el orgasmo se presente sin avisarnos y esto debemos disfrutarlo también.

Una vez que la energía sexual fluye de manera natural y sin represiones, es momento de aprovecharla. Porque de que sirve tener orgasmos si lo único que logramos es que se desparrame la energía como el agua que se desborda en un vaso y queda inutilizada. Esto se logra de muchas formas, de hecho, es algo que muchas mujeres ya hacen, por ejemplo, cuando se masturban pensando en una persona, al realizar esta actividad poniendo en su pensamiento a alguien por Ley de Inter determinación de los cuerpos, es posible que el hombre en cuestión piense en ellas porque con nuestro pensamiento estamos moviendo la energía para que se dirija hacia ese punto, hacia esa materia. Entonces esa energía sexual que generas durante la masturbación también la puedes usar para acabar tu tesis, conseguir un nuevo trabajo, hacer un nuevo viaje con tu pareja o para lo que tu desees.

Es importante que cuando vas a tener sexo, platiquen de algo que quieran lograr juntos antes de entrar al acto sexual y así después, logren un orgasmo. La energía sexual que pones en tu deseo para que se realice, será la que te haga obtener encuentros maravillosamente placenteros.

Digamos que esta es una forma sencilla de aprovechar la energía sexual, pero definitivamente no es la única ni la mejor, es solo una forma.

Si además de desbloquear, disfrutar y aprovechar la energía sexual aprendemos a elevar su calidad para que no solo vaya hacia dónde queremos, sino que además nos acerque a la divinidad de sanar nuestro cuerpo, mente y espíritu, y lo más importante nos saque del lugar de objeto y nos lleve a fundar una realidad única y propia, que implicará un verdadero desafío, digno de abordar y trascender en esta vida.

Para lograr aprovechar nuestra sexualidad al máximo, hay que aprender a moverla por diferentes centros energéticos liberándola de partículas que la opacan de cierta manera. Cuando estás refinando tu energía sexual con ejercicios de meditación alquímica, también la estás activando y al tenerla activa dentro de ti, seguramente la vas a estar emanando y las personas a tu alrededor lo van a notar. Ahora bien, es importante mantenerla activa pues de no hacerlo se volverá a acomodar donde siempre estuvo y para eso no basta con tener orgasmos, sino aprender a darle dirección y hacerla crecer, es como un músculo que mientras lo estés ejercitando, se vuelve más fuerte y útil.

Una vez tu energía sexual está activa, necesitas del acompañamiento de alguien especial para que te ayude a dirigir la misma; porque esto no lo puedes realizar sola, necesitas un acompañamiento para que puedas aprovecharla, porque de otro modo tendrás más energía, pero la utilizarás para repetir patrones que seguramente no quisieras experimentar nuevamente

A lo largo de seis años me he dedicado a trabajar con la energía sexual de mujeres y hombres y hay tantos conmensurables para mejorar su vida y fundar su lugar en este mundo. Soy testigo porque lo veo en mis pacientes, que cuando deciden hacer cambios pueden mejorar su salud, reducir la ansiedad, poner límites sanos en su vida, dar saltos cuánticos para mejorar su relación de pareja y vida sexual, dar diferentes respuestas ante distintas situaciones y dejar de responder con automatismos, dejar de depender de situaciones que no aportan a su vida, salir de la depresión, mejoran la relación con sus hijos, descubren donde están los problemas que no han resuelto y ahora logran resolverlos etc.

No dejes que nadie se apodere de tus creencias, decide tú como disfrutar la sexualidad.

Es un tema que, al aceptarlo y vivirlo con conciencia, te volverás un ser humano más libre y gozarás de una manera única y mágica "tu" y "la" sexualidad en pleno.

Recuerda que tú eliges, cada quien es libre para pensar sobre la sexualidad y su espiritualidad. Reclama tu soberanía, gobiérnate, gobierna tus actos y pensamientos, sin que nadie influya en ellos, que nadie te diga que es bueno o malo, solo tú vívelo, disfrútalo y acéptalo.

Como lo he mencionado durante todo este capítulo, la sexualidad es un gran capital de energía para la vida, pero pocos saben las contraseñas para acceder a él. Sin embargo, cuando logras acceder a ese majestuoso capital lo más importante es aprender a usarlo, porque puede suceder como pasa normalmente, que al triunfar se fracase porque si no sabemos usar ese caudal puede atrofiar la misma existencia.

Es como si a un niño le das mil pesos, seguramente los gastará en dulces y cosas que lo mantengan en su lugar de niño, comprará juguetes y no hará algo inteligente con ese capital. Pero si esa cantidad se lo das a una nutrióloga seguramente hará un platillo delicioso y nutritivo que te dará energía para seguir avanzando en tu propósito. Te invito a acceder y aprovechar tu Capital Sexual, primero libérate de prejuicios, dedica tiempo a conocerte en todos los niveles: físico, mental, emocional y conéctate con tu vida.

Baubo, la Diosa del Vientre: ella habla por la entrepierna.

Clarissa Pinkola Estés

el sino entusho y placeer

CAPÍTULO 10

El sexo y los placeres. Juguetes sexuales.

Placer

Definamos primero que se entiende por placer:

El placer sexual comprende las distintas sensaciones agradables y placenteras asociadas a las experiencias sexuales. A menudo, estas sensaciones se producen por el contacto sexual; otras veces surgen por pensamientos y fantasías.

También el placer está inherente al ser humano, a la vida en general. El placer está ligado 100 % al disfrute de la vida.

Es importante que, como personas, revisemos como está nuestra conexión con el placer, es decir, disfruto un baño, disfruto una caminata por la playa, disfruto tiempo con mis hijos y/o pareja, disfruto estar sola etc.

Desafortunadamente nuestras culturas y sociedades nos han inculcado que debemos cuidar al otro, atender al otro, darle placer al otro, pero ante todo primero estoy yo y debo saber o aprender a disfrutar mi vida para después disfrutarla con los demás. Normalmente a las mujeres nos conectan con la reproducción y el deber de cuidar y a los hombres los conectan con el placer y la sexualidad, pero eso debe cambiar.

Debemos darnos la oportunidad de florecer, tener la oportunidad de disfrutar y aunque seguramente será un proceso, no nos debemos de sentir culpables cuando estemos dispuestas a darle un balance más equitativo a nuestra vida familiar, profesional, personal y por supuesto sexual.

El placer a veces implica tener egoísmo por pensar en mí y esto juega un papel en contra de la conexión con el placer de mi propia vida.

Identifica cuando no seas capaz de dejarte querer, trabaja en ello, no está mal dejarte complacer, amar, mimar, consentir. La dependencia cuando es toxica y desbalanceada puede generar muchas cosas malas, pero cuando se genera una correcta integración en equipo (pareja) es muy valiosa y te puede aportar muchas cosas maravillosas. Cómo me integro con mi saber, pero también cómo me dejo ayudar. ¡Déjate querer!

Todo esto lo menciono porque antes de pensar en el otro "yo estoy aquí para reconectarme conmigo misma" primero yo, después tú.

Debemos tomar conciencia y estar dispuestas a lograr pequeñas victorias diarias.

Los grandes cambios no se dan de la noche a la mañana, pero cuando nos hacemos responsable de nuestro presente y queremos cambiar para mejorar aspectos tan importantes de nuestra vida como el sexo, todo esfuerzo valdrá la pena.

Los cambios implican esfuerzos y no debemos dejar que el temor nos reprima de lo que queremos, deseamos y sentimos. El amante que tu creas en tu mente, es el amante que generas.

Todos los días tienes la posibilidad de ser quien "tú" quieras ser. Y si quieres transformarte ahora en una mujer que disfruta el sexo, está perfecto.

Construye o reconstruye el placer en ti y para ti. Cuando logres esto, te aseguro que serás una excelente amante para alguien más. La experiencia que te ha dado el tener diferentes relaciones sexuales no es mala, nunca la veas mal, es el poder que te da el saber cómo vives y disfrutarás una vida sexual plena.

Revisemos como podemos potencializar lo que ya viene en nuestra piel, en nuestra sangre, cuerpo, alma. Nuestro potencial sexual lo tenemos internamente y no debemos ocultarlo o reprimirlo.

Las invito a que hagan un listado donde coloquen lo que quieran obtener de su pareja, y lo que están dispuestas a dar a su pareja. Ese dar y recibir, debe tener un balance perfecto para que no haya reproches de ninguna parte y sientan que la relación sexual es equitativa y recíproca.

La relación con la pareja debe ser win-to-win, todos ganamos con nuestra apertura de decir las cosas tal y como son. Sin pena, sin tabúes, sin culpas. Lo mejor es, sentar un precedente desde el principio de la relación, teniendo voz y voto para expresar lo que te gusta y lo que no. Pero ojo, nunca decidas callarte porque a tu pareja no le guste o caiga bien la información que le estás transmitiendo, que el otro lo tome bien o mal, es un trabajo que le corresponde a la contraparte no a ti.

Recuerda que todo es una programación mental, si programamos nuestra mente para tener una vida sexual agradable y activa, cómo si pensamos en que tenemos o merecemos una pobre actividad sexual, así será. Por esta razón mencioné al principio de mi libro, que muchas cosas aprendidas, las debemos reaprender, pues somos y seremos siempre los únicos responsables de nuestra satisfacción sexual.

Otro punto a revisar, es que el concepto cultural de la adultez lo marcan como si no hubiera nada nuevo en pareja por construir, aunque seamos mujeres y hombres maduros y adultos, estamos vivos y podemos disfrutar de nuestra sexualidad con total plenitud, solo tienes que darte la oportunidad y dejar atrás las falsas creencias sobre la sexualidad.

Nuestra edad es maravillosa, tenemos la madurez, la experiencia, estamos vivas, somos poderosas y eróticas. En la medida que nos sintamos seguras, atractivas, interesantes y fuertes, será en la medida que atraeremos. No te limites, concientízate de que eres mágica y única y tienes todo el derecho de ser feliz y disfrutar el placer en su máxima expresión.

Hay muchas partes del cuerpo que producen placer sexual al tocarlas. Algunas zonas especialmente sensibles se conocen como zonas erógenas.

Las relaciones sexuales son una forma de obtener placer sexual, pero no necesariamente la única. Las personas también pueden disfrutar simplemente de la intimidad: acurrucarse uno junto a otro, acariciarse, besarse, disfrutar de la cercanía mutua, entre otras actividades.

El placer es la sensación de goce o satisfacción que experimentamos al hacer o percibir cosas que nos agradan. Como tal, es un sentimiento positivo que se puede experimentar a nivel físico, mental o espiritual, y que está asociado a la felicidad, el bienestar o la satisfacción. Así, sentimos placer cuando saboreamos un postre que nos gusta, cuando estudiamos un tema que nos apasiona, o cuando nos divertimos o entretenemos con alguna actividad.

La respuesta de nuestro organismo al placer es la liberación de hormonas, como la endorfina, la serotonina y la oxitocina, que nos producen una sensación agradable de bienestar.

Como pueden darse cuenta y ya casi por finalizar este libro, el sexo es 100 % beneficioso y necesario para nuestra vida. Pero no un sexo monótono, ni un sexo que nos llene de creencias negativas y erróneas, culpas y claro está de mala información.

Necesitamos, primero que nada, conocer y vivir nuestra sexualidad plena, practicar el sexo y la espiritualidad, entonces posterior a ello, comunicarnos con nuestra pareja para saber y hacerle saber cuáles son tus y sus gustos, fantasías y deseos para en conjunto vivir y poner en práctica una sexualidad diferente, divertida, creativa, sensual y responsable.

Erotismo

El erotismo es la provocación del deseo sensual por medio de la imaginación, la fantasía y la estimulación sensorial. Se identifica con el placer.

El erotismo pone en evidencia que la sexualidad humana es un fenómeno complejo, conformado por un universo simbólico, afectivo y psicológico. Esta cumple una función psicoafectiva.

Aquí algunas características del erotismo:

- Es un fenómeno humano.
- Se expresa de manera diferente según la cultura y la psicología de cada individuo.
- Expresa la afectividad de la sexualidad humana.
- No implica necesariamente la consumación del acto sexual.
- Se alimenta de la imaginación, la fantasía y la memoria.
- Usa diversos recursos para la estimulación como la palabra, el vestuario, la gestualidad, los aromas y por supuesto las sensaciones.
- Facilita ampliamente el proceso de seducción.
- Fortalece los vínculos con la pareja.

El erotismo es uno de los aspectos de la sexualidad humana que más castigo y silencio ha sufrido históricamente, además de que se ha constituido como un mecanicismo de control sobre los cuerpos. Sin embargo, el erotismo es una parte fundamental de la conformación de nuestra identidad y autoestima. Cabe destacar que el erotismo siempre ha sido considerado como un arte de la seducción, donde se puede despertar el interés sexual de otra persona a través de la insinuación sutil y utilizando todos nuestros sentidos.

El mismo, se compone de sensaciones y estímulos cálidos que estremecen la epidermis, interviniendo también sentimientos como el amor, el deseo y mediante el intercambio de miradas, palabras, gestos y señas, indican al otro que estamos disfrutando el arte del erotismo y la seducción.

En este capítulo, Ana nos compartió valiosa información sobre su experiencia como sexóloga, coach y fundadora de la marca Pink Secret.

A lo largo de su trayectoria, Ana ha visto, conocido, compartido y asesorado a muchas mujeres y parejas de diferentes edades, profesiones y nacionalidades en busca de su plenitud sexual.

Ana radica en Bogotá, Colombia y en muchas de las pláticas que tuvimos para desarrollar justas este capítulo, surgieron algunas típicas preguntas que necesitaba hacerle para entrar en materia y conocer con más profundidad, la visión, gustos, necesidades y expectativas de las mujeres que buscan darle un giro o reinventarse con sus parejas en el área sexual.

Preguntas y respuestas:

¿Crees que a cualquier edad se puede disfrutar del placer sexual?

A mayor edad, mayor conocimiento de nosotros mismos y de nuestro cuerpo. Por este motivo, no es de extrañar que el rango de edad en el que más se disfruta el sexo (a diferencia de lo que se pueda pensar), es entre los 30 y los 50 años.

¿El erotismo, no implica necesariamente la consumación del acto carnal correcto?

Así es, no implica necesariamente la consumación del acto carnal. Se alimenta de la imaginación, la fantasía y deseos entre otros.

¿En una relación de pareja si uno es más erótico que la pareja, influirá de alguna manera en la relación sexual?

Esto depende 100 % de cada pareja. Hay algunas que les funciona perfectamente que uno tome la iniciativa más que el otro, pero en otras relaciones, funciona más la reciprocidad. Lo realmente importante es la comunicación entre ambos y que cada uno sepa cuales son las necesidades, gustos y deseos del otro. Hoy en día no podemos o debernos permitirnos pasar desapercibida esta información. Mientras mejor comunicación haya con la pareja, mejor vida sexual se disfrutará.

¿Como podemos alimentar de una manera creativa y diferente el erotismo en nosotras y en nuestras parejas?

El erotismo se alimenta, se incentiva y se crea. Si hasta no hace mucho tiempo emergía por sí solo, llega un momento en que necesitamos pequeños cambios. Y ello no es negativo, en absoluto. Hemos de recordar siempre que una relación necesita renovarse, no es un camino recto donde todo deba darse por sentado, al contrario, una pareja debe trabajar cada día los aspectos más cotidianos.

Son muchas las razones por las cuales, día a día, se va perdiendo el erotismo en la pareja. A pesar de seguir existiendo el amor, el cariño y la admiración, se debilita un poco la pasión que sentíamos hasta no hace mucho. Factores como la rutina, los problemas en el trabajo o el estrés, suelen ser grandes enemigos a la hora de perder esos mágicos instantes de intimidad en pareja.

¿El erotismo facilita el proceso de seducción?

El erotismo siempre ha sido considerado como un arte de la seducción, donde se puede despertar el interés sexual de otra persona, a través de la insinuación sutil y utilizando todos nuestros sentidos.

¿Cuál es la importancia del lenguaje erótico?

Se compone de sensaciones y estímulos cálidos que estremecen la epidermis, intervienen también sentimientos como el amor y el deseo, el intercambio de miradas, palabras, gestos y señas que indican al otro que se está en disposición de llevar dichas sensaciones al máximo. Se sabe también, que los grandes amantes desarrollan mucho el lenguaje corporal erótico, porque realmente como te comportes, camines, hables y actúes en general, puede ser el arte de seducción perfecto. Así que nunca está de más aprender un poco sobre el tema, ya que, si estás buscando pareja, seguramente te facilitará el proceso. Como todo, lo importante es que sea una decisión personal y lo hagas o pongas en práctica con respeto.

¿Qué opinas en tener fantasías y deseos que no involucren a nuestras parejas actuales?

No creo que sea malo o bueno tener fantasías con alguien más. La sexualidad es algo muy personal. Cada quien es libre de vivirla y disfrutarla sin tabúes ni limitaciones, solo con responsabilidad. Y como recomendación, si tienes dudas, inquietudes, miedos o temores sobre el tema, en este libro te comparto los datos de mujeres especialistas en la materia, que seguramente te podrán ayudar.

¡Buscar ayuda nunca es de débiles, sino de sabios!

Juguetes sexuales

En el transcurso de la historia, se ha visto cómo la sociedad ha avergonzado y culpabilizado a la mujer por tener deseo sexual, llenándola de tabúes que han afectado su vida sexual, pero las mujeres tienen fantasías y deseo sexual igual que los hombres.

Uno de esos tabúes es el uso de los juguetes sexuales por mujeres. Hablemos qué son los juguetes sexuales, y cuáles son los beneficios para nuestra sexualidad y cómo escoger el juguete adecuado.

¿Cuáles son los beneficios de los juguetes eróticos, cuando se usan en solitario cómo en pareja?

Hacer uso de estos, te ayuda a conocer tu cuerpo y descubrir tus zonas erógenas permitiendo de esta forma conocer lo que te hace disfrutar al estimularlas.

Existen mujeres que no son capaces de llegar al orgasmo sólo con la penetración. Hoy en día, 8 de cada 10 mujeres tienen orgasmo por la estimulación del clítoris, en estos casos los juguetes sexuales les permiten a ambos miembros de la pareja tener placer.

Algunos juguetes cómo los vibradores pueden complementar la penetración permitiendo potenciar el placer durante el sexo. Uno de los principales beneficios del uso de los juguetes sexuales, es que ayudan a romper la monotonía durante el sexo.

Cómo encontrar el juguete sexual adecuado

Acertar con tu juguete ahora es sencillo, ya que existen tiendas especializadas en la que puedes encontrar una amplia variedad, tanto para hombres como para mujeres.

Los juguetes sexuales han evolucionado junto con la tecnología. Y es que el mundo de los juguetes para adultos ya es más que solo dildos, ahora puedes elegir entre succionadores, vibradores, bolas chinas, anillos y plugs entre otros.

Existen vibradores de diferentes tamaños y formas. Están los pequeños para el clítoris, los que son para usarse en pareja, los largos que estimulan el punto G, los plugs anales y hasta los que son para hombres con estimulación para el pene y los testículos.

Cuando se utilizan en pareja, pueden ayudar en el tratamiento de algunas disfunciones sexuales femeninas, tales como falta de libido, dolor con el coito entre otras. Un juguete sexual nunca va a sustituir el sexo con otra persona, pero ayuda a conocernos, a obtener placer individual y mejorar la vida sexual en pareja.

Hay mujeres que sufren algunos problemas que no les permite siempre, disfrutar de sus relaciones sexuales.

Estos pueden ser sequedad vaginal, dolor en la práctica del sexo e irritación. Tras el parto, también se puede presentar una disminución de la sensibilidad durante las relaciones.

Finalmente, pensemos que aquí tenemos una alternativa si así lo decidimos solos o acompañados. Recuerda que nadie debe presionarte, solo tu eres la única / el único que puede decidir qué hacer y que no, con tu sexualidad y con tus genitales.

Entremos en materia, preguntas para Ana de Pink Secret:

1. ¿Qué tan interesadas están las mujeres en comenzar a utilizar los juguetes sexuales?

Si lo son, las que ya llegan a mis talleres, cursos o sesiones, están bastante dispuestas a probar cosas nuevas, a aprender más de sexualidad, de técnicas de seducción y están conscientes que su vida sexual de pareja necesita un "boost" Algunas veces llegan con ciertas reservas y un poco cohibidas, pero cuando salen o terminan el curso se dan cuanta que una buena sexualidad es vital para la estabilidad de la pareja.

2. ¿Qué tanto consideran las mujeres que el tema de los juguetes sexuales es un Tabú?

Si lo consideran o consideraban antes de llegar aquí. Pero definitivamente es un tema de creencias, cultura, valores y muchas veces hasta de religión. Afortunadamente con el pasar del tiempo, las parejas están más dispuestas a renovar su sexualidad, a entenderla y sobre todo a disfrutarla.

3. ¿Las mujeres utilizan los juguetes sexuales para ellas mismas y/o con sus parejas también?

Primero para ellas mismas por un tema de conexión propia con el placer, posteriormente cuando se van sintiendo cómodas van probando otros juguetes, entonces es cuando están listas para usarlos o experimentar con su pareja.

4. ¿Qué tanta o poca información tienen las mujeres sobre los juguetes sexuales?

Cada vez tienen más, el problema es el contenido de calidad. Desafortunadamente hay demasiada basura en relación con la industria del sexo y no "todo lo que brilla es oro" Lo positivo es que, con la digitalización global, hoy en día podemos comprar juguetes o cualquier artículo sexual mediante un dispositivo electrónico, sin la necesidad de ir a las tiendas eróticas u otros establecimientos y estar expuestos a que la gente te vea (si no lo quieres).

Más de un 50 % de las ventas relacionadas con artículos sexuales, son ventas en línea. En Pink Secret tenemos artículos a la venta cuando hacemos los talleres presenciales para que los conozcan y sepan cómo usarlos. También en nuestra tienda en línea los tenemos. Pero todo debe comenzar con una buena educación sexual, saber cuáles son tus necesidades y las de tu pareja, las expectativas de los juguetes sexuales y finalmente cómo es su uso, limpieza, duración etc.

5. ¿Alrededor de que edad las mujeres están más dispuestas a experimentar cosas nuevas, entre estas los juguetes sexuales?

Hay de todo, pero las jóvenes son más curiosas y atrevidas y las mujeres mayores, aunque disfrutan más abiertamente de su sexualidad por su experiencia, a veces tienen creencias limitantes por madres, abuelas y familiares de otras generaciones más cerradas en estos temas sobre el sexo, que finalmente influye en sus decisiones ante los mismos.

6. ¿Cuáles son las razones principales por las cuales las mujeres buscan saber, conocer y experimentar con juguetes sexuales?

Principalmente por curiosidad, porque han visto, escuchado quizá de otras parejas o amigas-os que sí los usan y les gustan. También, para darle un toque de diversión a su vida íntima y algunas mujeres que están sin pareja, pero sexualmente son activas, los buscan para darse auto placer y no tener que depender de alguien en particular.

7. ¿Qué tan ligados están los juguetes sexuales con la pornografía?

La Pornografía es ciencia-ficción, no es real. Nada de lo que sucede en una película pornográfica es real, todo está 100 % planeado. En la vida real, nuestra sexualidad puede ser mucho mejor que una película pornográfica si así lo decidimos. Si hay esa pasión, conexión, deseo, lujuria con nuestra pareja, podemos disfrutar de esos momentos íntimos mejor que en las películas. Esa es la idea, que siempre estemos dispuestos a experimentar juntos cosas nuevas, lugares, posiciones, etc. y no dejemos que la rutina termine con ese fuego que mantendrá viva la relación sexual en ambos. Todo dependerá solo de ustedes dos.

8. ¿Las mujeres que compran y usan juguetes sexuales lo platican abiertamente con sus parejas?

Ese es el problema, que muchas mujeres que quieren experimentar con los juguetes sexuales, no lo hacen por miedo al qué pensará su pareja de ello. Pensará que es una loca, que quién le metió eso en la cabeza, o que simplemente no los necesitan. Aquí es donde la comunicación juega un papel primordial y debemos sentarnos con nuestras parejas para contarles nuestros deseos, necesidades y fantasías. Hacerles ver, que queremos probar (por lo menos), algo diferente y si no les gusta está ok, pero al menos intentaron algo diferente. Ojo, pero también puede pasar que, al tomar la iniciativa en comprar estos artículos, el hombre se sienta interesado y motivado a probarlos y su relación salga de la rutina o monotonía.

9. ¿Este tipo de artículos o juguetes los compran en línea y/o también van a tiendas sexuales?

A mí particularmente me gusta ir a las tiendas y para nada me cohíbo o me incomoda, ya que ahí verás todos los productos exhibidos y normalmente la gente que trabaja en esas tiendas te puede dar información interesante y valiosa de cómo usarlos, para que sirven, cuáles son los más vendidos, las novedades de los mismos; también encuentras lencería y gran variedad de otros productos.

10. ¿Cuál de los juguetes es el que más les gusta, utilizan y compran? Cosmética Erótica, es decir lubricantes orales, anales, cremas, velas, preservativos con sabor. Vibradores, succionadores de clítoris, ropa interior sensual, vibrador de aire, vibrador tradicional.

Realmente hay un mundo de artículos sexuales, pero todo dependerá de sus necesidades, de una buena conversación previa antes de adquirirlos y que ambos dos estén de acuerdo en probarlos o utilizarlos. El sexo se debe vivir y disfrutar de una manera consciente y responsable.

Conclusión

El *conocimiento* y aplicaciones de lo aprendido en este libro, te permitirá mejor tú vida sexual.

El propósito de este libro, es que las mujeres que participamos en el desarrollo del mismo, compartiéramos con todas-os ustedes, información, experiencia y conocimientos de lo que hemos adquirido a lo largo de la vida.

Queremos que logres el tipo de relación que sueñas tener, que alcances tu potencial como mujer, hombre y que logres una vida sexual plena.

¡Gracias!

Adriana

El erotismo es una de las bases del conocimiento de uno mismo, tan indispensable como la poesía.

Anaïs Nin

Agradecimientos

Gracias a cada una-o de ustedes que se tomó el tiempo para leer este maravilloso libro. Es difícil explicarles todo lo que significa para mí, este libro.

Espero te ayude, oriente y enseñe sobre la importancia de vivir una sexualidad plena.

Gracias a mi familia por el apoyo y a mi motor de vida "mi hijo **Alfonso**" por creer siempre en mí.

A **Steven**, por ser el mejor coach y compañero de vida.

A **Berenice** por su amistad incondicional, su imaginación perfecta y creatividad única, para crear la hermosísima portada y las ilustraciones internas de este libro.

Y no menos importante, a cada una de las **mujeres** maravillosas que decidieron colaborar conmigo con sus conocimientos, experiencias, entusiasmo, pasión y compromiso. Se que juntas marcaremos un antes y después con este libro.

Finalmente, a la vida y al universo por ponerme en el lugar perfecto en el momento perfecto "Aquí y ahora".

Gracias, gracias, gracias.

Adriana

Semblanza de coautoras

Aquí se encuentran las contribuciones de mis compañeras coautoras.

Capítulo 3
El sexo y las emociones. El sexo y las creencias.

Escrito por María Fernanda Núñez y Adriana Fuentes Díaz

Talleres y Seminarios que dicta María Fernanda:

> Ho'oponopono para resolver conflictos y armonizar relaciones

> Transformando creencias (3 pilares fundamentales: Física Cuántica, neurociencias y espiritualidad)

Teléfonos: +52 5522648036

Correo electrónico: mnr3@yahoo.com

IG: @Laverintro

Capítulo 4
El sexo y la espiritualidad

Escrito por Rocío Sánchez y Mayda Reyes

Talleres y Seminarios que dicta Rocío:

> Kundalini Yoga y Meditación

> Terapeuta Nutricional Funcional NTP

WhatsApp: +52 5514826924

Correo electrónico: rociosanchezlopez@hotmail.com

IG: @rociolola

Talleres y Seminarios que dicta Mayda:

> Mayda es Tántrica y sanadora con una gran sensibilidad para el manejo de energía. Acompaña a hombres y mujeres a recuperar su sabiduría interna más profunda integrando cuerpo, mente, espíritu y la energía para liberar bloqueos que les impiden vivir la sexualidad y las relaciones de pareja que sus almas tanto anhelan utilizando el camino Tántrico como base de sus sesiones.
>
> Es acompañante de corazones rotos y personas en recuperación de relaciones tóxicas.

IG: sexysoul_mx

Facebook: sexysoul_mx

Capítulo 6
El sexo y la sociedad

Escrito por Diana Torija

Talleres y Seminarios que dicta Diana:

> Despertar tu fuerza femenina durante la menopausia. Acompañamiento para cambios físicos, emocionales y espirituales.

Teléfonos: 7223761232 y 7224570115

Correo electrónico: info@venusdies.mx

Facebook: Venus Dies

IG: @venusdiesmx

YouTube: Venus Dies

Capítulo 7
El sexo y la educación

Escrito por Marissa Llergo

Talleres y Seminarios que dicta Marissa:

> Imparte charlas y talleres de temas culturales, holísticos y de sexualidad. Autora de seis libros. Dos de poesía y cuatro novelas.

Correo electrónico: mmgmaris@gmail.com

Facebook: Dra. Marissa Llergo

Twitter: @MarisaLlergoTV

IG: @marissallergoTV

YouTube: Dra. Marissa Llergo

Cel.: +52 5555080687

Capítulo 8
El sexo y la rutina. La seducción.

Escrito por Marissa Llergo y Adriana Fuentes

Talleres y Seminarios que dicta Marissa:

> Imparte charlas y talleres de temas culturales, holísticos y de sexualidad. Autora de seis libros. Dos de poesía y cuatro novelas.

Correo electrónico: mmgmaris@gmail.com

Facebook: Dra. Marissa Llergo

Twitter: @MarisaLlergoTV

IG: @marissallergoTV

YouTube: Dra. Marissa Llergo

Cel.: +52 5555080687

Capítulo 9
El sexo y los tabúes

Escrito por Verónica Arenas

Talleres y Seminarios que dicta Verónica:

Diseña y Dirige talleres de Sexualidad para hombres y mujeres donde pueden desbloquear, activar y canalizar su Energía Sexual.

Imparte los talleres Mujer Orgásmica (para mujeres) y Mejor Amante (para hombres) en México, EUA, Colombia, Perú, El Salvador. Verónica estudia en la Escuela de Iniciación Psicoanálisis y Ocultismo E.D.I.P.O. dirigida por J.L. Parise, también tiene una maestría y un doctorado en Ciencias Ambientales además de ser Terapeuta en Respiración Ovárica Alquimia Femenina y Bodyworker Tantra.

Actualmente imparte talleres en línea de Mujer Orgásmica y Mejor Amante en línea.

Facebook: Dra. Veronica Arenas Jiménez

IG: @mujerorgasmica

Cel.: +52 5544908799

Capítulo 10
El Sexo y los placeres. Juguetes sexuales.

Escrito por Ana Giraldo, Fundadora de la marca PINK SECRET

Talleres y Seminarios que dicta Ana:

Educación Sexual y juguetes sexuales.
Retiros para parejas.

PINK SECRET
IG: pinksecretcol

Cel: +57 3127705913

Acerca de la autora

Adriana Fuentes Díaz es la autora de dos libros galardonados, *Cuando las mujeres fuertes hablan, las mujeres fuertes escuchan* y *Las Mujeres fuertes tienen creencias y valores*. Ella es también coautora de *Las Mujeres fuertes hablan sobre liderazgo, éxito, y buen vivir*.

Nació en la Ciudad de México, pero pasó la mayor parte de su infancia y primeros años de adultez en Venezuela. Regresó a su ciudad natal hace nueve años. También vivió en Newark, Delaware durante un año como estudiante de intercambio de secundaria.

Después de graduarse con un título en Comunicación y Publicidad en Venezuela, Adriana estudió Relaciones Públicas en la Universidad McGill en Montreal, Canadá. Esto la ha llevado a tener experiencia de 15 años en marketing, comunicaciones y relaciones públicas en una amplia gama de industrias, que incluyen petróleo y gas, automotriz, entretenimiento, productos de belleza y cuidado de la piel y servicios financieros.

Apasionada por el branding, ha recibido tres prestigiosos premios en la industria de la publicidad por su trabajo en comerciales de televisión para la marca Mercedes-Benz en México, incluyendo un León de Bronce en Canes, un Ojo de Iberoamérica y un A&AD (Global Association for Creative Advertising & Design). También promueve su pasión por el branding con charlas sobre marcas de lujo y marketing.

Mientras estuvo en la agencia de publicidad BBDO en la Ciudad de México, Adriana fue líder del programa BBDO Inspira, donde impartió talleres para las mujeres en la agencia, en busca del equilibrio personal, profesional y familiar. Además, ha sido voluntaria y colaboradora de programas y organizaciones de mujeres emprendedoras para fomentar la igualdad de género.

Amante de los perros y profundamente comprometida durante muchos años, Adriana creó Gente Zoo, una fundación en Venezuela para ayudar a los animales en las calles, que cuenta con el apoyo de una amplia gama de profesionales.

Además de su devoción por su hijo adolescente, sus pasatiempos incluyen viajar, leer, hacer ejercicio al aire libre y compartir comidas con familiares y amigos.

www.ingramcontent.com/pod-product-compliance
Lightning Source LLC
Chambersburg PA
CBHW072254270326
41930CB00010B/2376